Galgenhumor

...wer zuletzt lacht, lacht am besten!

1. Auflage: Juni 2014

Herstellung und Verlag:
BoD – Books on Demand, Norderstedt

ISBN: 978-3-7357-9203-7

AF130132

Inhaltsverzeichnis

Vorwort

Lieber Leser,

ob Sie es glauben oder nicht, sofern Sie meine nachdenklichen und sozialkritischen Gedichte kennen: Humor war und ist eins meiner Lebenselixiere. Hätte ich ihn nicht als treuen Lebensbegleiter gehabt, wären einige meiner Lebensabschnitte nur sehr schlecht zu meistern gewesen. In diesem Buch werden Sie mich nun von einer ganz anderen Seite kennenlernen, einer Seite, die mir und meiner Familie dabei half, auch in schlechten Zeiten ein wenig schmunzeln zu können – stets nach dem Motto „Humor ist, wenn man trotzdem lacht."

Viel Spaß beim Lesen wünscht Ihnen der Autor

Norbert van Tiggelen
A
R
R

Gedichte Teil 1

Der kleine Unterschied

Hörst du einen Ton ganz leise,
der geschickt wird auf die Reise,
abgebrochen, leis' und kurz -
dann ist es wohl ein Frauenfurz.

Hörst du aber lautes Knallen,
Fliegen prompt zu Boden fallen,
Augen tränen arg sodann -
kam der Furz von einem Mann.

Unterwäsche

Unterwäsche muss man wechseln,
aber nicht an jedem Tag.
Reicht so alle zwei, drei Wochen,
alles andre wär' 'ne Plag'.

Um nicht ganz befleckt zu leben,
machst du eines, sei nicht dumm:
Pünktlich in den Morgenstunden
drehst du sie nach außen um.

Wusstest du schon?

Es gibt schon schräge Typen
auf unsrer großen Welt.
Sie haben meist 'ne Aura
so wie ein Trümmerfeld.

Sie wirken völlig planlos,
recht dunkel scheint ihr Licht -
und einer dieser Wirren
liest gerade dies Gedicht.

© Norbert van Tiggelen

Zähne

Zähne sind der Glanz des Lächelns,
darum halte sie stets rein.
Denn sie sollen dir tagtäglich
bringen Freud und Sonnenschein.

Zähne sind zum Leben wichtig!
Hast du ihre Pfleg' vergessen,
wird anstatt ein leckres Kotelett
Apfelmus und Brei gegessen.

©Norbert van Tiggelen

Alles Banane

Ein Vater hört aus Tochters Zimmer
nachts Lustgeräusche und Gewimmer.
Drum schleicht er sich zu ihrer Tür -
es geht ihr schlecht, sagt sein Gespür.

Durchs Schlüsselloch er sorgvoll schaut,
doch was er sieht, ihn niederhaut:
Sein Mädchen sich mit einer Frucht
fidel verwöhnt die zarte Schlucht.

Am nächsten Tag, man glaubt es kaum,
der Vater schleicht von Raum zu Raum,
zieht hinter sich an einem Faden
die Banane durch den Laden.

Als seine Frau dies Spielchen sieht,
sie angstvoll vor ihm niederkniet
und sagt: „Mein Mann, was machst du bloß,
bist du verwirrt - was ist denn los?

Fast regungslos und noch geschockt,
auch wenn die Stimme etwas stockt,
spricht er gefasst in ruhigem Ton:
„Ich zeig das Haus dem Schwiegersohn!"

©Norbert van Tiggelen

Ein Bild

Hier ein altes Bild von mir -
sag mir, wie gefällt es dir?
Bin ich da nicht flink und frisch,
flott und munter wie ein Fisch?

Keine Furchen, keine Falten,
konnte walten, konnte schalten.
Keine Spur von Seelenschmerzen,
Lebenslust von ganzem Herzen.

Damals war ich noch ganz fit,
machte jeden Unfug mit.
War ja auch ein junges Wesen
und somit ein wilder Besen.

Ich vermisse diese Zeit
voller Lust und Heiterkeit.
Würde für sie vieles geben -
so verflixt ist halt das Leben!

© Norbert van Tiggelen

„Magen-Darm"

Magengluckern ohne Ende,
selbst die Glieder schmerzen doll;
Bücken sollte man vermeiden,
denn dann ist die Hose voll.

Jeder Pups ein Abenteuer -
betest: „Herrgott, lass es drin!"
Grad Verdautes will nach draußen,
steht dir wabernd bis zum Kinn.

Schweißausbrüche, Hände zittern,
man denkt sich: Das Blut, es kocht.
Kreislauf sackt bis in die Waden ,
Pumpe leis' und schwächlich pocht.

Das Klosett schreit auch um Hilfe,
weil's beim Gang zu platzen droht.
Halbwegs kugelfester Stuhlgang
schießt dir aus dem Po wie Schrot.

© Norbert van Tiggelen

Safer Sex

Ein betagtes Ehepärchen
will noch einmal guten Sex.
Opi freut sich – Pinsel kernig -,
Omi heiß wie eine Hex'.

Opilein im Übereifer,
er vergisst das Gummi glatt.
Als die Omi dieses sichtet,
ist sie doch viel mehr als platt.

„Nichts, du alter, wilder Stecher",
sagt sie böse ihm sodann.
"Ohne eine Lümmeltüte
kommst du ganz bestimmt nicht dran."

Opi fragt nach der Begründung:
„Weib, was soll das, was ist los?
Schwanger wirst du ganz bestimmt nicht,
warum ist die Angst so groß?"

Omi darauf: "Alter Knochen,
ich sah's schon in vielen Fällen;
Bei den alten mürben Eiern
hast auch du schon Salmonellen!"

©Norbert van Tiggelen

Schnarchnasen

Schnarcher schnarchen wie die Irren,
rauben dir manch Schlafensstund';
röcheln, keuchen, japsen, hecheln
unentwegt aus Nas' und Mund.

Schnarcher bringen dich zum Wahnsinn,
weckst du sie, dann ist kurz Ruh'.
Doch der Aufstand, er geht weiter,
sind grad ihre Augen zu.

Kommt es vor, dass sie nicht schnarchen,
wird es plötzlich totenstill.
Dann denkt man, sie sind gestorben -
was man sicher auch nicht will.

Darum lass sie weiter schnarchen -
schließlich heißt's: Ich lebe noch;
nimm dir deine Kuscheldecke
und verkriech dich in ein Loch.

© Norbert van Tiggelen

Sex im hohen Alter

Sex im hohen Alter,
der ist nicht ungefährlich!
Empfehlen würd' ich ihn
höchstens vierteljährlich.

Das Herz, es springt im Dreieck,
der Puls fängt an zu pochen,
das Wasser in den Beinen
beginnt direkt zu kochen.

Gib acht mit deinen Zähnen,
nicht dass du es vergisst!
Sie werden nach 'nem Zungenkuss
peinlich oft vermisst.

Das Hörgerät ist wichtig,
schalte es bloß ein!
Sonst dringen heiße Worte
in dein Ohr nicht rein.

Vorsicht auch beim Stellungstausch,
der hat so seine Macken!
Drum werden deine Knochen
ganz gewaltig knacken.

Vorsicht... blöder Hund

Wer hier einbricht, der muss wissen:
Unser Hund ist richtig lieb;
würde keine Seele beißen,
und schon gar nicht einen Dieb.

Er will nur ein bisschen kuscheln,
wenn du willst, dann streichle ihn!
Er lässt dich dann auch ganz sicher
unversehrt von dannen zieh'n.

Sollte es jedoch der Fall sein,
dass er schlechte Laune hat,
wird ein jeder von dir lesen -
dick und fett im Kirchenblatt.

©Norbert van Tiggelen

Zahnlos

Wenn die Zähne irgendwann mal
nicht mehr so sind wie gewohnt;
merkst du plötzlich, wie sie fehlen
und dass ein Gebiss sich lohnt.

Man kann dich nur schlecht verstehen,
schließlich pfeifst du jedes Wort.
Sieht man deine Lippen schlabbern,
laufen dir die Menschen fort.

Koteletts kannst du nur noch lutschen,
Brei ist nun dein Leibgericht;
lachst du einmal ohne Zähne,
kaum ein Mensch noch mit dir spricht.

Siehst du einen sexy Körper,
sabberst du das Hemd dir voll.
Ohne Zähne, glaub mir eines,
ist das Leben nur ein Groll.

©Norbert van Tiggelen

„Der Haufenfeind"

Der Hund, der steht im Allgemeinen
fest und sicher auf vier Beinen.
Sind's beim Männchen nur noch drei,
ist er meist beim Pinkeln bei.
Bückt er sich mit hohem Nacken,
fängt er meistens an zu kacken.
Schwellen dann die Augen an,
wächst der Haufen schnell heran.
Rutscht einmal ein Kind drauf aus,
freut sich Mutti nicht zu Haus.
Drum pass auf deinen Hund gut auf,
sonst folg ich ihm im Dauerlauf.
Und sollte er mich dann noch beißen,
werd ich dir den Arsch aufreißen.
Diesem Reim, den schrieb mein Freund,
ein riesig großer Haufenfeind!

© Norbert van Tiggelen

Buchstabendreher

Kennt ihr sie, die kleinen Fehler,
die man macht ganz ungewollt;
die auch später dafür sorgen,
dass man mit sich selber schmollt?

Makel, die manch Wort verdrehen,
mancher Leser ist verwirrt.
Schlimm ist: Du wirst nicht verstanden -
und der Text wird „uriniert".

©Norbert van Tiggelen

Campers Fluch

Des Campers größter Seelenfluch
ist Dauerregen und Besuch,
denn diese beiden Albernheiten
hasst er schon seit Ewigkeiten.

Müsst' er sich für was entscheiden,
zwischen diesen Dingen beiden,
wäre es - zu seinem Segen -
lieber für den Dauerregen.

©Norbert van Tiggelen

Eierkohlen

Wenn Vati auf dem Boiler sitzt,
und beim Kacken mächtig schwitzt,
fragt sich Mutti äußerst bang:
Dauert das denn noch sehr lang?
Denkt sie dann an die Gerüche,
die ihr bringen Schweißausbrüche,
rennt sie schnell wie ein Propeller
runter in den Kohlenkeller.
Dort kann sie bei dunklem Lichte
und 'nem Lächeln im Gesichte
brav das Heizgut dann befeuchten
wenn sehr matt die Funzeln leuchten.
Mit ein wenig Druck im Schritte
ist es dann meist ihre Sitte,
auf die Kohlen so zu pullern,
dass sie bis zur Treppe kullern.
Wenn der Vati hat's geschafft,
sich vom Potte hoch gerafft,
sucht er Mutti in der Küchen,
noch umnebelt von Gerüchen.
Da er ihren Trick schon kennt
er zum Keller runter rennt,
um sie ganz schnell hoch zu holen
und das auf ganz leisen Sohlen.
Ohne an ein Pech zu denken,
oder sich gar einzuschränken,
nimmt er mit erhöhter Hast
mühelos die Kurve – fast.

Was dann folgt - oh Himmel! Graus! -
er rutscht auf 'ner Kohle aus,
prellt sich mächtig seinen Steiß -
schreit ganz laut: Was für ein Scheiß!
Merkt dann noch mit Herzenspochen,
rechter Fuß ist auch gebrochen;
muss darauf ins Lazarett -
doch dort ist es auch ganz nett.
Gluckert es ihm nun im Magen,
kriegt er prompt ein Wohlbehagen -
denn die Schwester Marianne
setzt ihn dann brav auf die Pfanne.

©Norbert van Tiggelen

Gummipuppe

Kauf dir eine Gummipuppe,
denn der ist fast alles schnuppe.
Holst sie eben mal vom Schrank,
sie klagt nie: „Ich bin heut krank!"

Kannst sie martern und auch quälen,
als auch ein' vom Pferd erzählen.
Sie keift nicht gleich wie ein Tier,
wenn du wieder stinkst nach Bier.

Sie stellt keine blöden Fragen,
musst nicht „Liebling" zu ihr sagen.
War's zu heftig, gibt's 'nen Knall,
was passiert von Fall zu Fall.

Magst du es mal etwas draller,
pump nur nach und sie wird praller.
Langes Vorspiel braucht sie nicht,
sie stört auch kein Tageslicht.

Warst du wieder mal zu schnell,
gibt's kein nerviges Gebell.
Lässt die Luft ganz einfach raus,
Schluss, Punkt, fertig, Ende, aus!

©Norbert van Tiggelen

Mein Ständer

Hab damit schon Frau'n beglückt,
alle wurden sie verrückt.
Trägst du ihn auf deinen Armen,
schreist du ganz laut um Erbarmen.

Leg ich ihn auf deinen Rücken,
brauchst du später ein Paar Krücken.
Er steht immer unentwegt,
darum ihn mein Weib auch pflegt.

Manche Braut hing was dran auf,
sogar das nahm ich in Kauf.
Stand trotzdem noch steil nach oben,
musste ihn schön häufig loben.

Kann mich auf ihn blind verlassen,
gerne darf man ihn anfassen.
Er ist ein Mast, ein echter Blender:
„Mein geliebter Kleiderständer !"

©Norbert van Tiggelen

Saufgelage

Meine besten Freunde heißen
Johnny Walker und Jim Beam,
oft sind wir bis früh am Morgen
ein unschlagbar gutes Team.

Meine liebsten Damen heißen
Klara Korn, Maria Krohn,
eine Nacht mit diesen beiden
war noch niemals monoton.

Stimmungskanone

Opas Laune ist seit Tagen
für den Clan ein Wohlbehagen;
er sieht kaum noch etwas eng,
das ist so seit dem Geschenk.
Er summt nur noch frohe Lieder,
unaufhörlich, immer wieder;
sein Verhalten, das macht Sinn,
denn es lag Viagra drin.

Schwarzes Schaf

Ich liebe es, ein Schaf zu sein
und dazu auch noch schwarz zu sein.
Denn so ein Wolltier hat Genüsse,
auch wenn es sind nicht immer Küsse.

Es sticht von allen mächtig ab,
das enorm und nicht zu knapp.
Kann überall in Ruh verweilen,
denn es muss den Platz nicht teilen.

Ein nächster Punkt, der wichtig ist,
es ruht auf seinem eignen Mist.
Und was für dieses gar nicht geht,
dass es im Dreck der andren steht.

Jetzt zum Schluss der größte Lohn,
ist wirklich wahr und ohne Hohn:
Es braucht nicht in den Arsch zu kriechen
und den Gestank der andren riechen.

©Norbert van Tiggelen

Trauer(f)eier

Es war einmal ein Fürzlein,
das ging ganz leis' auf Reisen.
Es kroch fast unbemerkbar
zu den kalten Speisen.

Im Kühlschrank angekommen,
da machte es sich bereit,
stank so etwas von scheußlich,
als sei es gar zu zweit.

Die Eier kriegten Panik -
selbst ihnen wurde schlecht.
Da sagte eins ganz schwächlich:
„Wer hat von euch gezecht?"

Ein andres sagte darauf:
"Es stinkt hier so verdorben -
vielleicht ist eins von uns
an Altersschwäch' gestorben?"

© Norbert van Tiggelen

Was ist das? Teil 1

Hat gerade mal drei Zähne,
ist zwanzig Meter lang,
wenn sie an dir vorbeizieht,
dann wird dir angst und bang.

Sie ist nicht mehr die Schnellste,
im Gegenteil eher lahm.
Keinesfalls gefährlich
und wirklich äußerst zahm.

Hat viele, viele Jahre
auf ihrem alten Rücken,
ihr Anblick kann nun wahrlich
nicht jedermann entzücken.

Sie röchelt und sie hustet,
auf Teufel komm heraus,
bewegt sie sich zu schnell,
fall'n ihr die Haare raus.

Und auch des Rätsels Lösung
endet mit 'nem Reim:
„Es ist 'ne Polonäse
in einem Altersheim!“

©Norbert van Tiggelen

23

Weihnachtsbäume

Weihnachtsbäume selber schlagen
unter freiem Himmelszelt,
macht zum einen Riesenlaune
und du sparst dazu noch Geld.

Wenn du dazu etwas Glück hast,
es kommt vor, so dann und wann,
siehst du an ihm angekettet
noch ein schönes Fahrrad dran.

©Norbert van Tiggelen

Pure Nächstenliebe

Sitzt du auf dem Donnerbalken
nach einer durchzechten Nacht,
wird dir meistens selber übel,
weil's im Potte derbe kracht.

Doch auch in solch schweren Zeiten
sorgt man sich, so gut man kann:
Denke stets an deinen Nächsten -
Fenster zu und Heizung an!

© Norbert van Tiggelen

Zwinker Zwinker

Ein Herr geht zu 'nem Doktor,
ein Kerl, kein Hampelmann.
Er meint, er wär' ein Notfall,
und kommt auch sofort dran.

Der Arzt fragt nach dem Grunde,
warum der Mann gekommen.
Er sieht ihn nicht als schwächlich
und auch nicht als benommen.

Der Mann erklärt dem Doktor,
er hätt' ein Augenleiden,
und darum würde er demnächst
gar Apotheken meiden.

Der Arzt beginnt zu schmunzeln,
doch das mit viel Niveau,
und bittet, 's zu begründen.
Der Mann erklärt's ihm so:

"Möcht' ich in einer Apotheke
Aspirin - es klingt verrückt -,
krieg ich wegen dieses Zwinkerns
Kondome in die Hand gedrückt!"

© Norbert van Tiggelen

25

Keine großen Töne

Der Paul, das ist ein Mann von Welt,
ein armes Schwein ohne viel Geld,
will sich endlich weiterbilden,
nicht gehören zu den Wilden.

Drum besucht er kurzerhand
ein Musikhaus in unsrem Land,
ein Instrument will er sich kaufen,
besser als nur sinnlos saufen.

Ins Schaufenster schaut er hinein,
stürmt dann in den Laden rein,
äußert direkt sein Belieben,
möcht' zwei Instrumente kriegen.

Zum einen ist es das Klavier,
das weiße passt in sein Revier,
zum andren ist's die Trompete,
möchte er spielen auf 'ner Fete.

Der Verkäufer schmunzelt leise,
rümpft die Nase und spricht weise:
„Den Feuerlöscher schenk ich dir,
die Heizung jedoch bleibt bei mir."

Freie Entfaltung

Meine Zähne - ein Desaster,
faul und löchrig, gelb und braun,
und mein Atem - ganz im Ernst jetzt -
hat schon manchen umgehau'n.

Meine Haare - lang und fettig,
schlecht gestriegelt, mieser Duft.
Selbst ein Schwein in Mist und Gülle,
das ringt neben mir nach Luft.

Meine Haut ist rau und trocken,
krustig, spröde überall.
Sieht man mich, dann heißt es flüchten,
schneller sogar als der Schall.

Doch zum Glück gibt's ein paar Tage,
dafür dank' ich Gott auf Knien.
Da kann ich mich frei entfalten:
Karneval und Halloween.

©Norbert van Tiggelen

Nacktrodeln
Frauenversion

Schlittenfahren macht bekanntlich
einen richtig großen Spaß.
Ist man zudem auch noch nackig,
kitzelt's nicht nur in der Nas'.

Saust der Schlitten durch die Bahnen
- es passiert so dann und wann -,
schwillt so manche schlanke Dame
glatt zu einem Luftschiff an.

© Norbert van Tiggelen

Nacktrodeln
Männerversion

Schlittenfahren macht bekanntlich
einen richtig großen Spaß.
Ist man zudem auch noch nackig,
kitzelt's nicht nur an der Nas'.

Saust der Schlitten durch die Bahnen
- hört sichs jetzt auch an bematscht -,
dann vibriert so mancher Schniedel,
als ob man wilden Beifall klatscht.

© Norbert van Tiggelen

Toller Hecht

Mädchens - ich bin echt der Knaller
und ich sag euch auch, warum:
Erstens bin ich hübsch und weise,
und dazu im Kopf nicht dumm.

Meine Zähne, weiß wie Perlen,
nehm sie zwischenzeitlich raus.
Kann mit ihnen Flaschen öffnen,
ernte dafür oft Applaus.

Meine Haarpracht, eine Wonne,
die Perücke steht mir gut.
Drei Viagra, sieben Eier,
und in mir, da kocht das Blut.

Meine Waden, prall und kräftig,
ich ein Durchtrainierter bin.
Maße, die euch imponieren -
ist ja auch viel Wasser drin.

Meine Augen strahlen lebhaft,
ohne Brille seh' ich schlecht.
Bin halt, wie die Damen sagen:
„Ein unheimlich toller Hecht!"

©Norbert van Tiggelen

Arbeit & Beruf Teil 1

Der Augenarzt, das ist ein Mann,
der deine Klüsen mustern kann.
Wenn er nicht merkt, dass sie nichts taugen,
dann hat er selbst was an den Augen.

Wenn es vor dir dunkel wird,
du siehst, der Typ ist voll verwirrt,
hat einen Wortschatz wie ein Wilder
dann stehst du vor 'nem Bodybuilder.

Der Dachdecker ist ein Geselle,
er deckt Dächer, ziemlich schnelle.
Doch muss man seinen Sturz betrauern,
könnte es auch länger dauern.

Der Elektriker ist ein Genosse,
dem zuckt sehr oft die rechte Flosse.
Im Bett, ist er ein ganz, ganz Schlimmer,
denn sein „Kurzer", der steht immer!

Der Klempner hat oft viel Humor,
verlegt zudem so manches Rohr.
Er sogar noch ganz fröhlich pfeift,
wenn er in die Scheiße greift.

Der Metzger hat ein scharfes Messer,
ernährt damit manch guten Esser.
Passt er nicht auf die Finger auf,
dann sieht die Hand aus wie ein Knauf.

Der Schlosser, ja, das ist ein Mann,
der wirklich prima schweißen kann.
Doch weich ihm aus, wenn er laut flucht,
weil er dann meist 'nen Schlüssel sucht.

Der Staplerfahrer fährt zumeist
um die Kurven schnell und dreist.
Er dreht sogar Pirouetten
mit Containern und Paletten.

Der Straßenwärter ist ein Mann
der Asphaltschäden flicken kann.
Doch er bekommt auch Darmbeschwerden,
wenn Fahrzeuglenker pampig werden!

Der Taucher taucht in dunkle Tiefen,
und nicht selten friert's ihn dann.
Knabbern Fische an sei'm Schniedel,
hat er keinen Anzug an.

Der Totengräber hat 'ne Schippe,
mit der stößt er auf manche Rippe.
Schaufelt meist das Loch zu tief
und darum oft um Hilfe rief.

Der Nachtwächter ist meist alleine,
drum zittern ihm auch mal die Beine.
Sind Tränen bei ihm arg geflossen,
dann hat er seinen Hund erschossen.

Der Frauenarzt, das ist ein Mann,
der schwitzt schon mal so dann und wann.
Besonders, wenn der Balg wird morscher -
drum nennt man ihn auch Höhlenforscher.

© Norbert van Tiggelen

Der Schreiner hat oft ein Problem,
kann mit Prothese sehr schlecht geh'n.
Denn hätte er nur Acht gegeben,
wär 's Bein noch dran, und Stift würd' leben!

©Norbert van Tiggelen

Der Bodyguard, das ist ein Mann,
der richtig böse werden kann.
Ganz besonders, wenn er spürt,
dass ihm wer die Luft zuschnürt.

© Norbert van Tiggelen

Beim Gerüstbauer kommt es vor,
trägt sehr oft ein dickes Rohr.
Fällt er von oben auf die Fresse,
gibt es meist 'ne Totenmesse!

©Norbert van Tiggelen

Der Rechtsanwalt macht sich oft stark,
und das für manche gute Mark.
Doch Stopp! - die Mark gibt es nicht mehr,
das stört ihn aber auch nicht sehr.

Der Apotheker ist ein Mann,
der manchem Kranken helfen kann.
Doch hat er einmal nicht ganz Recht -
dann geht's demselben richtig schlecht.

Im Sommer freu'n sich Straßenwärter -
manch Frauenpo ist kein Verkehrter.
Doch oft gehasst wird eine Olle:
und zwar im Winter die Frau Holle.

Taxifahrer, das sind Menschen,
deren Job ist oft nicht leicht,
denn so manchem Fahrgast gerne
mal ein herber Pups entweicht.

Der Rentner, man erkennt's am Namen,
braucht weder Job noch ein Examen.
Von früh bis spät lebt er befreit,
doch komisch - er hat niemals Zeit.

In der Justizvollzugsanstalt,
oft kaum ein Ton durch Gänge hallt.
Doch ist es dort mal richtig laut,
gibt's Wurst, Püree und Sauerkraut.

Der Tischler, das ist ein Geselle,
baut Tisch und Stuhl in Windesschnelle.
Flucht er ganz laut in seinem Heim,
dann geht ihm etwas auf den Leim.

Vierzeiler rund ums Leben Teil 1

Nicht jeder Mann mit breitem Rücken
konnt' ein Frauenherz entzücken.
Zum Bedauern mancher Damen -
sie vom andren Ufer kamen.

Ein Graus für jeden Badbenutzer,
der ihn oftmals setzt schachmatt,
ist, wenn jemand ausgelassen
kurz zuvor geschissen hat.

Der Kannibale isst gern Knochen,
ohne sie zuvor zu kochen.
Hält nichts davon, sie zu zerbeißen -
drum quält er sich auch oft beim Scheißen.

Die Nymphomanin ist 'ne Frau,
lässt niemals zu 'nen Samenstau.
Doch wenn der Pinsel nicht oft steht,
sie frustriert zu Bette geht.

Wenn der Opi mit sich murrt,
fast schon wie ein Hündchen knurrt,
ihm das Kauen wird zur Qual,
sind die Plätzchen hart wie Stahl.

©Norbert van Tiggelen

Des Bosses Hintern sich erfreut,
wenn man des Kriechens sich nicht scheut.
Hört man den Chef mal lautstark stöhnen,
lässt er vom Kriecher sich verwöhnen.

©Norbert van Tiggelen

Wenn Mutti sich wie selten stylt,
sogar die Fingernägel feilt,
sie auch tuscht die Augenwimpern,
dann will sie mit dem Vati pimpern.

©Norbert van Tiggelen

Der Spanner spannt mit Wohlbehagen
und riskiert meist Kopf und Kragen.
Seine Freude doch erlischt,
wenn man ihn dabei erwischt.

© Norbert van Tiggelen

Wenn Vati sich ins Koma säuft,
die Mutti fort zur Freundin läuft,
die leeren Flaschen sprechen Bände,
dann ist es wieder Wochenende.

©Norbert van Tiggelen

Wenn beim Bücken Knochen knacken,
du nur kannst im Stehen kacken,
deinen Stuhlgang, den kannst häckseln,
dann solltest du den Arzt mal wechseln!

©Norbert van Tiggelen

Der Schlafwandler, das ist ein Geist,
der nachts gern durch die Gegend reist.
Doch leider ist es so – pardon! -
er weiß da meistens selbst nichts von.

© Norbert van Tiggelen

Willst du beim Sex
getrost verhüten -
versuch es nie
mit Filtertüten.

©Norbert van Tiggelen

Wenn Hilfeschreie nachts erschallen,
du Schritte hörst an Leichenhallen,
Angst und Schrecken machen sich breit,
dann ist Halloween nicht weit.

Der Morgenstuhl hat ganz gewiss
'ne gute Würze und auch Biss.
Doch glaub mir: Dir wird richtig schlecht,
wenn du am Vortag hast gezecht.

Internet heißt publizieren,
kostet nicht mal sehr viel Geld.
Früher hassten mich die Nachbarn,
heute tut's die ganze Welt.

Der Schniedel ist des Mannes Stolz,
denn er gleicht oft 'nem Nudelholz.
Doch oft meint er, von allen Knaben
den Größten auf der Welt zu haben.

Wenn du nicht kannst in Ruhe sitzen,
musst ständig rasch zum Boiler flitzen,
dein Hintern brennt und nicht erlischt,
dann hat ein Virus dich erwischt.

©Norbert van Tiggelen

Das Tolle an den dritten Zähnen
ist - das möcht' ich kurz erwähnen –
zum Einen, dass sie dich verzieren
und du kannst getrost dinieren.

©Norbert van Tiggelen

Mutmacher

Bist du kein Triumphator
und zudem nicht der Hellste:
Bei deiner Zeugung, glaub es mir,
da warst du mal der Schnellste!

©Norbert van Tiggelen

V(T)ierzeiler Teil 1

Affen gibt es jede Menge,
ungleich in der Körperlänge.
Ist der Hintern rot und plan,
nennt man ihn meist Pavian!

Der Bär ist stolz auf seine Höhle,
verteidigt sie mit laut Gegröle.
Mach's dir dort niemals bequem,
denn dann hast du ein Problem.

Der Elefant, das ist ein Tier,
trinkt keinen Weinbrand oder Bier,
dafür Wasser ohne Ende,
leere Tümpel sprechen Bände.

Fliegen, die im Bierglas schwimmen,
werden dich nicht munter stimmen.
Doch bleib cool, bewahre Ruh' -
schieb es deinem Nachbarn zu.

Für Giraffen ist das Speisen
oft ein Grund, sich zu beweisen.
Denn durch ihre langen Rücken
müssen sie sich mächtig bücken.

Der Gorilla gern laut wettert
und zudem auf Bäume klettert.
Leg dich niemals in sein Nest,
denn das hasst er wie die Pest.

Der Hai, das ist ein übler Wicht,
denn er mag die Surfer nicht.
Sieht er ein' im Wasser treiben,
wird der nicht lang lebendig bleiben.

Hat zwei Höcker, schaut sehr blöd,
Farbenpracht des Fells ist öd;
trägt nicht selten Säcke Mehl -
so beschreibt man ein Kamel.

Der Löwe ist ein stolzes Tier,
seine Mähne eine Zier.
Doch manchmal plagt ihn sein Gewissen -
ein Geier hat auf ihn geschissen.

Die Motte ist ein Kleidungsnager -
schändet arg dein Wäschelager.
Drum sei klug und gib ihr Saft,
besprühe sie mit ganz viel Taft.

Schweine haben oft im Leben
Schlamm und Dreck am Hintern kleben.
Sauber sind sie erst, die Wichte,
wenn ihr Leben ist Geschichte.

Der Wellensittich ist meist munter
und zudem auch noch ein Bunter.
Sein Gepiep wird deutlich leiser,
fliegt er in den Autogeyser.

Die Spinne ist ein Frauenschreck,
auch wenn sie sitzt auf einem Fleck.
Dass es sie gibt, find ich ganz toll,
denn 's Weib wird durch sie liebevoll.

Der Truthahn ist nicht attraktiv
und darum wohl auch depressiv.
Machen wir kein' Hehl daraus:
Gebraten sieht er besser aus.

Die Waldameise, klein und zierlich,
ist sehr fleißig und manierlich.
An ihrer Kraft gibt's nichts zu tadeln,
denn täglich stemmt sie Tannennadeln.

Der Alligator ist recht hässlich,
sein Speiseplan zudem noch grässlich.
Schnappt er sich ein Gnu, der Wichser,
dreht er sich, so wie ein Mixer.

Wenn die Ente noch kann fliegen,
sie auch will ihr Futter kriegen.
Dann kann ich dir eins nur raten:
Sie ist nicht ganz durchgebraten.

Frösche wären gerne schneller,
denn sie sind oft platt wie Teller.
Kinder wollen's nicht begreifen -
schuld war meist ein Autoreifen.

Wenn dein Goldfisch munter schwimmt
und sein Futter zu sich nimmt,
bleib ganz locker und entspanne,
hau ihn noch nicht in die Pfanne.

Der Holzwurm, ja, das ist ein Wicht,
er mag oft deine Laube nicht.
Drum zeig ihm ruhig mal deine Zähne,
sonst macht er daraus Sägespäne.

Der Krebs kann sich nicht anders wehren,
als dass er kneift mit seinen Scheren.
Wenn dein Deckennachbar schreit,
war das Untier nicht sehr weit.

Der Maulwurf ist ein blinder Gräber,
geht dem Gärtner auf die Leber;
ruiniert er seinen Garten,
jagt er ihn mit einem Spaten.

Das Nashorn, wie der Name sagt,
sich mit einem Horne plagt.
Die Sicht ist schlecht, man glaubt es kaum,
drum rennt es oft vor einen Baum.

Die Ratte wird sehr oft gehasst
und darum auch nicht angefasst.
Drum sucht sie sich 'ne stille Ecke -
meistens in der Köttelbecke.

Schildkröten sind nichts zum Raufen,
denn sie können nicht schnell laufen.
Mögen tun sie's auch nicht sehr,
denn ihr Panzer ist zu schwer.

Der Specht, das ist ein Dauerklopfer,
aber auch ein armes Opfer.
Das Hämmern macht ihn ganz verwirrt,
drum er sich oft im Flug verirrt.

Das Zebra hat am Hintern Streifen,
doch es tut ganz laut drauf pfeifen.
Es trabt behänd in Saus und Braus -
denn vorne sieht's nicht anders aus.

Gedichte Teil 2

Alter Sack ???

Im Club der alten Säcke,
da kommt nicht jeder rein.
Du brauchst am Hintern Falten
und musst gebrechlich sein.

Darfst keine Zähne haben,
schlecht hören musst du auch.
Der Körper, er wirkt runzelig,
dazu hängt schlaff der Bauch.

All das sind Eigenschaften,
die bringst du lang nicht mit.
Du bist doch ziemlich knackig
und körperlich recht fit.

Drum lass dir eines sagen:
Tritt weiterhin aufs Gas.
Erfreue dich des Lebens
und hab noch sehr viel Spaß!

©Norbert van Tiggelen

Die Scheißhausfliege

Die Scheißhausfliege ist ein Tier,
das nicht hat sehr viel Manier.
Sie nervt dich stets mit Flugattacken,
stört tierisch auf dem Thron beim Kacken.

Fliegt sie auch noch auf deinen Pinsel,
quillt bei dir ein Blutgerinnsel;
dann hast du's endlich mit ihr satt
und haust sie mit der Zeitung platt.

© Norbert van Tiggelen

Exhibitionist.

Ein ganz dreister Optimist
ist der Exhibitionist.
Wenn er seinen Schniedel zeigt,
manche Frau zum Schreien neigt.

Doch wird er nur ausgelacht,
er sich schnell von dannen macht.
Schweift dann hurtig in die Ferne,
denn das hat er gar nicht gerne.

© Norbert van Tiggelen

Guter Sex

Guter Sex ist lebenswichtig,
denn er hält die Seele frisch;
schnell vertreibt er deine Sorgen
und verrückt so manchen Tisch.

Guter Sex bringt dich zum Beben,
hält darum das Herz in Schwung.
Hast du ihn gar regelmäßig
bleibste auch im Alter jung.

Guter Sex ist zu beweisen,
wenn der Nachbar es sich wagt,
später kraftlos anzuklingeln
und zudem nach Feuer fragt.

© Norbert van Tiggelen

Irgendwie clever

Mein Hund ist nicht gefährlich,
bei Gott, das ist er nicht.
Er ist halt sozusagen
ein braver, zahmer Wicht.

Doch einen Trick, den hat er:
Das Tier hat richtig Schmalz.
Er schickt dir seine Läuse
ganz schamlos auf den Hals.

© Norbert van Tiggelen

Joggen

Joggen schon am frühen Morgen
macht mich überhaupt nicht munter,
denn bei jedem zweiten Hüpfer
fällt mir glatt die Kippe runter.

Was mich dann auch noch verärgert,
ist, dass man nach Luft arg schnappt
und zum Überfluss der Kaffee
über'n Rand der Tasse schwappt.

©Norbert van Tiggelen

Mann

Konsequent und auch belesen
suchte Gott ein Lebewesen,
was im Paradies sich sonnte
und auch lautstark rülpsen konnte.

Einen, auf den alles passt,
der geliebt wird und gehasst,
so ein richtig blödes Schwein,
auch ein Mistfink sollt' es sein.

So 'nen ständig geilen Bock,
der sich reißt um jeden Rock
und so wie ein blöder Hammel
sich vermehrt, ganz ohne Bammel.

Einen Ochsen ohnegleichen,
der imstande ist, zu schleichen,
und zudem ein Stinktier ist,
was das Waschen meist vergisst.

Als der Herrgott dann nach Tagen
Überlegen, Schuften, Plagen
merkte, dass er nichts ersann -
schuf er einfach einen „Mann".

©Norbert van Tiggelen

Sonnenbrand

Körperwärme mehr als kritisch,
grob geschätzt, knapp 80 Grad.
Jetzt könnt' ich mich wieder ärgern
über dieses Sonnenbad.

Meine Haut gleicht einem Schnitzel -
nicht so lecker, dafür gar.
Möcht' am liebsten stehend schlafen,
mir schmerzt selbst das kleinste Haar.

Jucken, Brennen, Beißen, Kneifen
bringen mich um den Verstand.
Mach dich weg aus meinem Leben,
du verfluchter Sonnenbrand!

©Norbert van Tiggelen

Testament

Wenn dein Kreislauf nicht mehr protzt,
du durch Glasbausteine glotzt,
ohne Rollstuhl nichts mehr geht
und der Hals sich kaum noch dreht;

Wenn das Herz sehr ungleich pocht,
das Wasser in den Beinen kocht,
kurze Wege dich anstrengen
und die Muskeln nur noch hängen;

Wenn die Lunge tierisch pfeift,
überall es juckt und kneift,
wenn die Fürze mächtig stinken
und dir kitzelt stets der Zinken;

Wenn die Hände ständig zittern,
Knochen schon beim Heben splittern,
dir der Hintern nur noch brennt -
dann mach schon mal dein Testament!

©Norbert van Tiggelen

Zwangsdiät
(Männerversion)

Hach, was ist das für 'ne Plage:
Hohe Zahlen auf der Waage!
Selbst wenn ich auch vorher bete -
bück ich mich, dann platzen Nähte.

Sixpack ist arg angeschwollen,
statt zu laufen, kann ich rollen.
Meine Wampe mich arg hemmt,
und die Hos' im Schritte klemmt.

Dusch ich mich und schau hinunter,
werde ich nicht wirklich munter.
Kann mich wenden und auch drehen,
doch nicht meinen Schniedel sehen.

Noch ist es nicht ganz zu spät,
ich mach' eine Zwangsdiät.
Wann jedoch, kann ich nicht sagen -
mich grad Durst und Hunger plagen.

©Norbert van Tiggelen

April, April

Schon seit vielen, vielen Jahren
wird an diesem Tag geneckt.
Keiner ist vor Schwindeln sicher,
wichtig ist, dass man erschreckt.

Ehemann verkohlt die Gattin,
dass er eine andre hat.
Geht mit ihr sofort zum Anwalt,
denn er hat sie lang schon satt.

Bruderherz verarscht die Schwester,
dass er ist in sie verliebt.
Sie sei seine wahre Traumfrau
und es keine andre gibt.

Opa macht der Oma bange,
dass er's nicht mehr lange macht.
Testament wird schnell geschrieben,
schleunigst noch in dieser Nacht.

Wenn man dich an diesem Tag foppt,
sei nicht bös und schmunzle still.
Denn ein alter Brauch erlaubt es,
dass es heißt: „April, April!"

Chaotische Weihnachten

Wenn der Hund vor Heiterkeit
unterm Christbaum macht sich breit,
um ihn artig zu markieren
und mit seinem Duft zu zieren -

Wenn die Kids die Eltern nerven
und mit Spekulatius werfen,
dass die Oma ist empört,
doch die Mutti es nicht stört -

Wenn die Lichterketten schmoren,
Hardrocksound betäubt die Ohren,
Kinder sind vor Jähzorn blind,
weil die Gaben uncool sind -

Wenn trotz Schein von Baum und Kerzen
einem arg die Augen schmerzen,
man vor Rauch nichts mehr erkennt,
weil's im Nachbarhaus schon brennt -

Wenn der Vati hat ein' sitzen,
aus dem Ofen Funken blitzen,
verbrannt ist auch der Festtagsschmaus -
dann wird 's Weihnachtsfest zum Graus.

©Norbert van Tiggelen

Der Laubsauger-Mann

Ich kenne einen Menschen,
der nervt mich wirklich sehr;
würd' ihn am liebsten jagen
mit meinem Luftgewehr.

Der Typ hat eine Macke,
und jetzt im Herbst extrem.
Er hockt fast nur am Fenster
und macht sich's dort bequem.

Sieht er jedoch ein Blättlein
auf seinem Gehweg liegen,
dann kriegt er einen Horror,
dass sich die Balken biegen.

Er rennt dann in den Keller
und holt den Sauger raus,
macht Krach wie ein Tornado -
mir wird das bald zum Graus.

Geht das noch etwas weiter,
werd' ich mit ihm ganz harsch.
Dann schieb ich ihm das Teilchen
ganz tief in seinen ....

© Norbert van Tiggelen

Entweder oder

Wenn Elefanten vor dir schweben,
Teddys dir 'ne Antwort geben,
Schweine um die Wette pfeifen,
Nonnen plump und lauthals keifen...

Wenn dein Chef dich maßlos lobt,
der Herrgott nicht mit Sündern tobt,
die Zechpreller ein Freibier kriegen
und Frauen nicht auf Schuhe fliegen...

Wenn Bayern vor dem Abstieg bangt,
der Staat von dir kein Geld verlangt -
dann hat dich wohl ein Blitz getroffen
oder du bist stockbesoffen!

©Norbert van Tiggelen

Fahrrad-Tour

Wenn ich in den Sattel steige,
geht es mir besonders gut:
schon nach ein paar fixen Tritten
steigt in mir der Lebensmut.

Fahrtwind weht mir um die Nase,
müder Kreislauf kommt in Schwung,
nach 'nem halben Kilometer
fühle ich mich frisch und jung.

Plötzlich höre ich ein Zischen,
Unmut macht sich in mir breit,
doch für einen echten Biker
ist das eine Kleinigkeit.

Gehe mit dem noblen Tretross
wohl beschwingt zu Fuß daheim,
sehe plötzlich eine Kneipe.
Muss ich selbstverständlich rein!

Stunden später, ich bin knülle,
doch wo ist mein Esel nur?
Hat man mir doch glatt gestohlen -
Mann, war das 'ne Fahrrad-Tour!

© Norbert van Tiggelen

Hemmungslos

Helga trifft die liebe Karin
wie so oft im Hausflur an.
Karin ist doch sehr verlegen -
was da bloß passiert sein kann?

Wissensdurstig fragt die Helga
ihre Freundin, was denn sei.
Karin schüttet dann ihr Herz aus,
ist ihr nicht ganz wohl dabei:

"Ich steh an der Tiefkühltruhe.
Plötzlich kommt mein Paul zu mir,
reißt die Kleider mir vom Leibe,
schnaubt und prustet wie ein Stier.

Nimmt mich dann so wie ein Wilder,
fragt nicht lang, packt ganz fest zu.
Etwa eine halbe Stunde
ließ er mich dann nicht in Ruh!"

Unerschrocken sagt die Helga:
"Karin - du, sei mir nicht bös',
so was macht mein Udo täglich,
und das sogar bravourös!"

Leicht errötet flüstert Karin:
"Krieg jetzt keinen Herzinfarkt.
Das glaub ich dir wirklich gerne -
aber nicht im Supermarkt!?"

Ins Gras beißen

Der Vegetarier ist ein Mensch,
der macht sich nichts aus Fleisch.
Sieht er jedoch 'nen Kopfsalat
dann gibt's vor Freud Gekreisch.

Trotzdem dürft ihr mir glauben,
ich mein' es nicht aus Spaß:
Auch wenn er wohl das Grüne liebt,
beißt er ungern ins Gras.

© Norbert van Tiggelen

Lammfromm

Sonntags geht er in die Kirche,
montags ist er richtig blau;
dienstags schimpft er über Nachbarn,
mittwochs schlägt er seine Frau;

donnerstags klaut er beim Einkauf,
freitags stört er manchen Schlaf;
samstags rauft er sich in Kneipen,
sonntags kniet er wieder brav.

© Norbert van Tiggelen

Strafe muss sein!"

Zuhaus' ein strenger Vater,
der stets ein Machtwort spricht,
die Kinder suchen Schutz bei ihm,
denn Angst - die kennt er nicht.

Im Betrieb ein Meister,
ein Mann, der alles kann,
vieles er mit seiner Hand
auf dieser Welt ersann.

Jeden Freitagabend
um ganz genau acht Uhr,
dann unterwirft er sich,
der strengen „Donna" nur.

Dann lässt er sich bestrafen
auf Teufel komm heraus,
er leckt ihr brav die Füße
und putzt ganz nackt das Haus.

Sie zupft an seinen Warzen,
dass er vor Schmerzen schreit,
und sie ihn von dieser Pein
für Stunden nicht befreit.

Sie drischt auf seinen Hintern
und schlägt ihn grün und blau,
noch einen auf die Finger:
Bis dann, du blöde Sau!

Er humpelt schwer nach Hause,
kann kaum vor Schmerzen laufen,
muss, damit er schlafen kann,
'ne Flasche Asbach saufen.

Schon am nächsten Morgen,
da schimpft er laut und harsch
und tritt dann ganz, ganz feste
den Lehrling in den Arsch!

©Norbert van Tiggelen

Bestes Stück

Soll man Männern Glauben schenken,
ist ihr bestes Stück ein Hit:
Einer, der stets fleißig ackert
und nie unter Schwächen litt.

Zwanzig pralle Zentimeter
WENIGER AUF KEINEN FALL!
Zuverlässig funktionierend
jederzeit und überall.

Er ist einfach nur gigantisch,
überragend, kolossal.
Jeder, der was andres dichtet,
dessen Horizont ist schmal.

Liebe Damen, sind wir ehrlich,
oft habt ihr nicht solch ein Glück.
Lasst uns einfach weiter träumen -
ist doch unser bestes Stück!

© Norbert van Tiggelen

„Currywurst"

Wenn deine Zunge sich zerfrisst,
die Stimme leis' und schwächlich ist,
bangst schweißgebadet um dein Leben,
vom Schüttelfrost die Knochen beben -

Wenn du blass wirst wie 'ne Leiche,
den Rachen spülst im Gartenteiche,
die Magenwände applaudieren
und Nierensteine detonieren -

Wenn die Lippen tierisch brennen,
du ständig musst zum Boiler rennen,
die Zunge qualmt, so wie ein Schlot,
du glaubst, dein Inn'res sei schon tot -

Wenn dich die Geschwüre kneifen,
die Lunge, sie beginnt zu pfeifen,
Leere herrscht in deinem Hirne
und der Schweiß steht auf der Stirne -

Wenn dein After tierisch beißt,
bei jedem Pups du lautstark schreist
und tagelang verspürst nur Durst -
dann gab es wieder Currywurst!

©Norbert van Tiggelen

66

Die Macht der Frau

Der Mann, der arme, arme Tropf
wird von 'ner Frau geboren.
Sie zieht ihn groß und richtet ihn -
hat er da schon verloren?

Die Mutter gibt ihn weiter dann
an irgendeinem Tage,
zu einer Schwiegertochter meist,
was ihm wird auch zur Plage.

Sie betüddelt ihn ganz lieb
mit allem Drum und Dran.
Drum wird er nicht - man kann's versteh'n -
ein richtig harter Mann.

Kinder kommen auch ins Haus,
doch oft passiert der Clou:
Ein Töchterchen nervt den Papa
und lässt ihn nicht in Ruh.

Sie kommandiert ihn ständig rum,
macht ihm das Leben schwer;
für ihn gibt es nur eine Wahl,
und zwar das Schießgewehr.

Auch nach dem Sein, oh glaubt es mir,
Gott wollt', dass es so werde:
Wo wird der „Kerl" vergraben dann?
Na klar - in Mutter Erde!

Frauenärzte

Frauenärzte gibt es viele,
aber ist ein jeder gut?
Wer hat diesen Job tatsächlich
wirklich auch in seinem Blut?

Da gibt es 'ne kleine Prüfung,
die die Frage ganz schnell klärt,
ob in diesem Damen-Doktor
tatsächlich ein Fachmann gärt.

Lass ihn schauen nur ganz einfach
durch ein Schlüsselloch sehr klein.
Er müsst' dann die Wohnung kennen,
und zwar jedes Zimmerlein.

©Norbert van Tiggelen

Ich wär' so gern ein Cowboy

Ich wär' so gern ein Cowboy,
mit Lasso und mit Colt,
auf dem Rücken meines Pferds,
dort blieb das Glück mir hold.

Ich zöge auf dem Sattel
hinaus in die Prärie
und machte manchen Ausritt
zum Fort nach Laramie.

Der Hut ist mein Begleiter,
er schützt das Hirn vor Wärme,
meine alten Socken
vor Moskitoschwärmen.

Wenn meine Kehle brennt,
geh ich in den Saloon,
bei Bier und einem Whiskey
ganz einfach mal ausruh'n.

Später werd' ich Sheriff,
dann bin ich das Gesetz.
Jeder noch so üble Schuft,
der geht mir dann ins Netz.

Steh ich eines Tages
auf einem Steckbrief drauf,
dann flüchte ich durch die Prärie,
und zwar im Dauerlauf.

Fasst man mich dann endlich,
komm ich an den Galgen
und darf mich dann im Himmel
mit „Bill the Kid" rumbalgen.

© Norbert van Tiggelen

Kerzenlicht

Hassos Schwanz hat sich entzündet
an dem doofen Kerzenlicht;
wie ein Blitz schießt er durchs Hause,
was er umrennt, stört ihn nicht.

Außer sich vor Todesängsten
rammt er Opa aus dem Stuhl;
der fliegt direkt durch das Fenster,
knallt aufs Eis im Swimmingpool.

Dass der Greis daran krepierte,
ist wohl eine logisch' Kund;
Omi kriegt jetzt Witwenrente
und hält Kerzen fern vom Hund.

© Norbert van Tiggelen

71

Rückwärts essen

Weinbergschnecken, Zunge, Hirn -
da kräuselt sich fast jede Stirn.
Bei Muscheln, Sülze, Leber, Speck
laufen manche Gäste weg.

Tische niemals Pansen auf,
dann flüchtet man im Amoklauf.
Austern, Schwarte, Innereien
wird man dir wohl kaum verzeihen.

Serviere Nierchen, Pökelfleisch
und du hörst am Tisch Gekreisch.
Denn solch edle Raffinessen
lässt manch' Seele rückwärts essen.

©Norbert van Tiggelen

Tauchurlaub

Bald werd' ich mir etwas gönnen,
wovon ich schon lange schwärm':
Einen Urlaub mit viel Wasser -
ohne Stress und ohne Lärm.

Unterwasserwelt erkunden
mit 'nem Schnorchel und viel Luft;
Boxershorts und Taucherbrille,
reichen mir als Badekluft.

Teuer wird es auch nicht werden,
hab' mich da schon schlau gemacht.
Brauche keine teuren Tickets
oder gar Touristentracht.

Hier direkt in meiner Nähe
ist ein Baggerloch - wie toll!
Das ist nach dem vielen Regen
sicher schon seit Tagen voll.

© Norbert van Tiggelen

Angeschissen

Eine Katze jagt 'ne Maus,
Himmel, Herrgott - welch ein Graus.
Maus - nicht dumm, obwohl sehr klein -
flüchtet in den Kuhstall rein.

Dort sieht sie 'ne dicke Kuh,
rennt behände auf sie zu,
fragt sie dann mit ganzem Mut,
ob sie auf sie kacken tut.

Mäuschen will sich damit tarnen,
Kuh holt Luft, ganz ohne Warnen
drückt sie einen Fladen raus
und bedeckt damit die Maus.

Doch verdammt, was für ein Mist!
Schwänzchen noch zu sehen ist.
Katze packt an diesem an,
das Gemetzel so begann.

Die Moral von dem Gedicht
ist sehr klug und hat Gewicht:
Nicht ein jeder, der bescheißt,
ist dein Feind, und dazu dreist.

Andersrum wird auch noch klar,
ist gewiss sehr sonderbar:
Wer dich aus der Scheiße zieht,
muss kein Freund sein – so ein Shit.

©Norbert van Tiggelen

Es leben hoch die vielen Greise.

Wenn es nicht die Alten gäbe,
würd' dem Staate Zaster fehlen,
denn in wirklich vielen Dingen
kann man auf sie völlig zählen.

Ärzte hätten leere Praxen,
manch ein Pfleger keinen Job.
Wer würd' all die Törtchen essen?
Butterfahrten wär'n ein Flop.

Apotheker würden klagen,
die Regale blieben voll.
Leere Bänke in den Kirchen
wären auch des Staates Groll.

Wer würd' noch Viagra nehmen,
alles stünde wie gewohnt.
Für so manche Krankenschwester
sich nicht mehr die Arbeit lohnt.

Ganz zum Schluss ist da noch einer
der des Geldes würd' beraubt
und sein Name, der ist „Schreiner",
der die tollen Särge baut.

Ach, was wäre ein Gedicht,
hätt' es den Sarkasmus nicht.
Darum sag ich. um zu preisen:
Es leben hoch die vielen Greise!

Hexenrache

Hexen reiten mit Vergnügen
nachts in Richtung Mondenschein;
weil sie von dort oben wachen,
müssen sie stets achtsam sein.

Wehedem, es nervt ein Rüpel,
das ist für 'ne Hexe Gift!
Einen Zauberspruch und später -
ihn der Blitz beim Scheißen trifft.

©Norbert van Tiggelen

Mücken

Mücken sind die reinste Plage,
bringen dich sehr oft zum Fluchen,
denn nach manchen Stechattacken
gleichst du einem Streuselkuchen.

Summen dir die Nacht zur Hölle,
fliegen in den Mund dir auch;
vorteilhaft ist dann doch eines:
du hast etwas Fleisch im Bauch!

© Norbert van Tiggelen

„Der schwule Gorilla"

An einem schönen Sonntag,
da rief ein Freund mich an,
er fragte mich, wie es mir geht,
und ob er kommen kann.

Als er dann bei mir war,
da machten wir uns aus,
bei diesem schönen Wetter,
da geh'n wir einfach raus.

Ein Ausflug in den Zoo,
den tat ich immer gern,
denn dort, da konnte man
die Affen schön är-gern.

Wir standen vor dem Käfig,
und flachsten dumm herum,
mein Freund, der Paul, schoss Fotos,
zu Haus' für sein Album.

Da plötzlich ist's passiert:
Der Affe, nicht ganz zahm,
packte meinen Paul,
und zerrte ihm am Arm.

Schwuppdiwupp, der Paul war drin,
er konnt' nicht mal mehr schrei'n,
der große Menschenaffe stieß
sein' Schniedel in ihn rein.

Fünf Stunden später war vorbei
der lange Höllenritt,
die Sanitäter kamen dann
mit sehr eiligem Schritt.

Sie brachten mein' Freund Paul
ins Krankenhaus herein,
der Chefarzt schaute tief
in seinen Hintern rein.

„Der kommt schon wieder hoch",
hörte ich ihn sagen,
er wird sich demnächst nur
mit argen Krämpfen plagen.

Direkt zwei Tage später,
da ging ich Paul besuchen,
statt schwach und abgekämpft
hört' ich ihn laut nur fluchen.

Er weinte sehr verbittert,
in seinem pink Rollstuhl,
er wollt' zurück zum Affen,
denn Paul war plötzlich schwul.

© Norbert van Tiggelen

Arbeit & Beruf Teil 2

Manch ein Boxer ist nicht helle,
hat am Kopf so manche Delle.
Bei Debatten bleibt er stumm -
dafür haut er jeden um.

©Norbert van Tiggelen

Der Dachdecker ist ein Geselle,
er deckt Dächer, ziemlich schnelle.
Stürzt er jedoch in die Tiefe,
schreibt man meistens Beileidsbriefe.

© Norbert van Tiggelen

Der Elektriker-Kumpane
hat schon mal 'ne leichte Fahne.
Kribbelt's ihn, gibt's meist Gewieher -
oft nennt man ihn Strippenzieher.

©Norbert van Tiggelen

Der Gärtner hat kein leichtes Leben,
denn an ihm oft die Schnecken kleben.
Außerdem - man kann's nicht glauben –
bescheißen ihn sehr oft die Tauben.

©Norbert van Tiggelen

Der Jäger trifft mit seiner Büchse
Hirsche, Rehe und auch Füchse.
Doch weint er laut bei den Genossen -
dann hat er seinen Hund erschossen.

Der Maler ist im Grund' ein Mann,
der dir dein Heim verschönern kann.
Er schleift, er spachtelt und grundiert,
pupst gerne rum - und tapeziert.

Die Politesse ist 'ne Frau,
macht manchen Kerl ganz arg zur Sau.
Und was ihr ist auch richtig schnuppe:
Dass man(n) sie nennt oft „Zettelpuppe".

Der Mann, der fleißig Särge baut,
ist mit dem Tode sehr vertraut.
Und eines ist zudem bewiesen:
Sein Beruf kennt keine Krisen.

Der Straßenwärter hat's nicht leicht,
denn nicht ein jeder Fahrer schleicht.
Am meisten nervt ihn – gebt schön Acht -
wenn dieser blöde Sprüche macht!

Die Taucherin taucht gern mal nackt,
so richtig blank und unverpackt.
Schwimmt ein Fisch in sie zum Trotze -
dann glaubt es mir: Ihr juckt die ...

Wer ist der Mann, der plant und checkt?
Es ist zumeist der Architekt.
Und glaubt mir eins, wenn der nicht wär' -
dann stände manches kreuz und quer.

Der Friseur macht ziemlich schnelle
Glatze, Dutt und Dauerwelle.
Doch worauf er gar nicht steht:
Wenn die Kundschaft dabei bläht.

Der Klempner, der hat stets Humor
er allerorts verlegt ein Rohr.
Muffen liebt er wie kein Zweiter –
dieser fesche Bauarbeiter.

Wenn Polizisten Streife laufen,
sich die Prügler ungern raufen.
Sie hau'n sich lieber in die Fresse
ungeseh'n - mit viel Interesse.

Der Schornsteinfeger hat 'nen Besen,
mit dem kann er den Rauchfang fräsen.
Manchmal lässt er 's Kehren sein
und schickt den Stift mit Bürste rein.

Der Totengräber buddelt Löcher,
an manchen Tagen, noch und nöcher.
Schreit er jedoch 'nen Angstruf aus -
dann kommt er aus der Gruft nicht raus.

Der Maurer, der ist ein Geselle,
der verputzt mit seiner Kelle.
Ist die Kelle abgenutzt,
der Maurer dann nicht mehr verputzt.

Die Reisekauffrau hat meist Schimmer,
berät nicht selten gute Schwimmer.
Doch kommt ihr jemand trunken an -
den schickt sie prompt zum Ballermann.

Der Schaffner, ja, das ist ein Mann,
der dir den Tag versauen kann.
Er wird zum Tier, wenn du erklärst,
dass du ohne Fahrschein fährst.

Der Schweißer schweißt von früh bis spät,
er fachgemäß die Raupen brät.
Doch was er hin und wieder braucht,
ist, dass er unterm Schweißhelm raucht.

Der Tankstellenassistent
Kraftstoff am Geruch erkennt.
Doch wird laut des Chefs Geheule -
steht er rauchend an der Säule.

© Norbert van Tiggelen

Vierzeiler rund um's Leben Teil 2

Wenn die Bässe tierisch knallen
und die Nachbarn wieder lallen,
wackeln dazu noch die Wände -
dann ist wieder Wochenende.

Wenn du aus deinen Ohren rauchst,
zum Heimweg einen Navi brauchst,
du schwächlich torkelst wie besoffen,
dann wurdest du vom Blitz getroffen.

Der Schleimer schleimt bis zum Erliegen
und dass sich die Balken biegen.
Doch ist's für ihn ein arger Graus,
rutscht er auf seiner Schleimspur aus.

Der FKK-Strand ist begehrt,
denn dort wirst du aufgeklärt.
Doch gib Acht: Man dich vermiest,
wenn du ein paar Fotos schießt!

Kampfschwein nannte er sich stolz,
war geschnitzt aus gutem Holz.
Und es war nicht zu bestreiten -
äußerlich gab's Ähnlichkeiten.

Wenn der Schnauzer ist gefroren,
du spürst nicht mehr deine Ohren,
der Schniedelwutz ist knüppelhart -
dann sind es minus zwanzig Grad

Wenn Frauen mit dem Hintern kreisen,
geht manch Männerblick auf Reisen.
Sieht das jedoch die eigne Frau,
macht sie den Kerl doch meist zur Sau.

Wenn's unterm Hintern warm wird
und es zudem noch schwappt,
dann war der Deckel der Toilette
leider noch nicht hochgeklappt.

Wenn das Trommelfell tut weh,
du verkrampfst von Kopf bis Zeh
und dir schmerzen alle Glieder,
dann singt Opi Weihnachtslieder.

Wenn man deine Nähe meidet,
wegen dir nur Groll erleidet,
man dich grüßt mit „Blödes Schwein".
dann scheinst du wohl ein Arsch zu sein!

Irgendwie ist das doch komisch:
Bin ich denn so'n dicker Brummer?
Als ich auf die Waage schaute,
glich die Zahl 'ner Handynummer!

Wenn des Vatis Bäuchlein schwindet,
er sogar 'nen Sixpack findet,
Mutti trägt ganz stolz ein Kleid -
dann ist wieder Fastenzeit.

Wenn du vor deine Haustür trittst,
auf Knien um den Einlass bittst,
doch schläfst im Zelt so ganz allein,
dann lässt dich deine Frau nicht rein.

Jedem ist's wohl schon passiert
und es hat auch arg frustriert:
Nach dem Stuhlgang, oh wie tolle -
kein Papier mehr auf der Rolle.

Die Frau Müller fährt gern Rad,
kennt im Umkreis jeden Pfad.
Ihrem Mann geht's auf die Dattel,
denn sie fährt meist ohne Sattel.

Bist du völlig von der Rolle,
brennt dir heftig deine Knolle,
ist dein Docht ein müder Strang,
war das Sonnenbad zu lang.

Auf der Karriereleiter
wird manch Anus noch viel breiter;
denn sehr oft, das macht doch Sinn,
steckt ein Schleimer in ihm drin.

Wenn deine Heimat niemand kennt,
man dich Hinterwäldler nennt,
du mit Muscheln zahlst statt Geld -
dann wohnst' bestimmt am Arsch der Welt.

Wenn dein Hund auf dich nicht hört,
deine Frau dein Dasein stört,
lass dich nicht für dumm verkaufen,
geh dir lieber einen saufen.

V(T)ierzeiler Teil 2

Nerve einen Affen nicht,
er ist ein ganz großer Wicht.
Denn gib Acht, ganz ohne Warnen,
wirft er nach dir mit Bananen.

Wenn die Buben Fußball spielen,
sie sehr oft nicht richtig zielen.
Fliegt der Ball in 'n Garten dann -
freut sich Nachbars Dobermann.

Der Flamingo - eine Pracht,
stets nen guten Eindruck macht.
Dennoch hat er ein Problem:
Auf einem Bein ist's schwer, zu stehn.

Fliegen nerven oft monströs,
und das macht dich bitterbös.
Doch sie werden schnell zu Matsche,
triffst du sie mit einer Klatsche.

Wenn 's Karnickel fleißig rammelt,
unruhig nur im Käfig stammelt,
dann hilft eins auf alle Fälle:
Zeig ihm mal die Mikrowelle!

Mach um 's Lama einen Bogen,
sagen viele Biologen.
Denn sie mussten sich oft ducken,
weil sie manchmal um sich spucken.

Die Maus ist meistens aufgeweckt,
ein kleiner Quälgeist in ihr steckt.
Doch ihr wird ganz angst und bange,
wenn du sie gesellst zur Schlange.

„Emma" nennt man gern die Möwen,
sind am Strand der Lüfte Löwen.
Doch gib Acht auf deine Stirne:
Sie käckeln dir gern auf die Birne.

Den Regenwurm, so wie man hört,
die Sonne wirklich mächtig stört.
Knallt sie auf seinem Schädel ein,
schraubt er sich in den Boden rein.

Schnecken sind der Hausfrau Qualen,
so mancher schon die Nerven stahlen.
Drum werden sie auch mächtig beben,
wenn sie unterm Schuh dir kleben.

Ist dein Weibsstück schlecht gelaunt,
sei am besten nicht erstaunt.
Mache einen auf "ganz nett":
Leg 'ne Spinne in ihr Bett.

Der Strauß ist meist 'ne hohle Birne,
hat nicht viel in seinem Hirne.
Schon ein Säckchen überm Kopf
setzt ihn matt, den armen Tropf.

Der Truthahn ist ein armer Wicht,
denn zerlumpt ist sein Gesicht.
Seine Federpracht hingegen,
wirkt wie Sonne nach dem Regen.

Der Wal ist meistens sehr behäbig,
was er findet gar nicht schäbig.
Ihm fehlt nicht selten der Elan,
drum lebt er auch sehr oft im Tran.

Die Ameise, sie kann sich wehren,
muss sich dazu nur entleeren.
Ärgerst du sie, du Tyrann,
pinkelt sie dich schnell mal an.

Fliegen - eine Großgemeinde
und zudem ganz üble Feinde.
Höre bloß auf meine Kund:
Sie fliegen nachts in deinen Mund!

Der Iltis riecht nicht selten übel,
als käm' er aus 'nem Jauchekübel.
Drum überleg ich mir jetzt grad:
Nimmt dieses Tier auch mal ein Bad?

Die Kuh, das ist ein tolles Tier,
denn sie gibt dir Milch statt Bier.
Ihr Unterhalt ist auch nicht teuer,
denn sie ist ein Wiederkäuer.

Wenn Lumpis Augen größer werden,
er fest sich krallt in Gottes Erden,
er weder knurrt als auch nicht beißt
er gerade einen Haufen scheißt.

Wenn die Maus in Ruhe nagt,
weil die Katz' sie nicht mehr jagt,
geh noch los in dieser Stund –
kauf dir ganz schnell einen Hund.

Das Schaf, es blökt von früh bis spät,
dem Schäfer 's auf die Nerven geht.
Doch eines hat er sich geschworen:
Morgen wird es kahl geschoren.

Der Landwirt pflegt oft ganz alleine
fürsorglich die süßen Schweine.
Doch er meistens lauthals lacht,
wenn er Wurst aus ihnen macht.

Ein Stier, so sagt man, wird ganz wild,
zeigt man ihm ein rotes Schild.
Doch wie doof, denn dieses Rind
ist im Grunde farbenblind.

Pferde, die sind sehr sensibel
und dazu auch höchst flexibel.
Gehst du ihnen auf die Dattel,
werfen sie dich aus dem Sattel.

Wenn die Katze nur noch pennt,
„Whiskas" bloß als Futter kennt,
nicht mal regt sie eine Kralle,
hilft nur noch die Mausefalle.

©Norbert van Tiggelen

Den Glühwurm stört das Dunkle nicht,
denn er trägt im Kopf ein Licht.
Doch eines, das begreif ich nie:
Wo hat er denn die Batterie?

©Norbert van Tiggelen

Morgenfürze

Wenn wir doch mal ehrlich sind:
Kein Tag fängt schöner an
als mit 'nem langen tollen Furz,
der Töne wechseln kann.

Ganz besonders strenge Würze
hatten diese Morgenfürze,
wenn sogar die Scheißhausfliegen
leblos auf dem Rücken liegen.

© Norbert van Tiggelen

Pipipech

Wenn der Vati tierisch zappelt,
nur noch wirre Worte brabbelt,
er beim Pinkeln raucht und zischt,
als hätte ihn ein Blitz erwischt,
wenn er dazu auch noch glüht
und zudem gar Funken sprüht,
könnt ihr sicher mir vertrau'n -
lag es am Elektrozaun!

© Norbert van Tiggelen

Was guckst du?

Der Spanner spannt mit Wohlbehagen
und riskiert meist Kopf und Kragen.
Seine Freude doch erlischt,
wenn man ihn dabei erwischt.

Trägt dann tagelang Kompresse,
denn es gab was auf die Fresse.
Doch sind schmerzfrei seine Glieder,
tut er es mit Freuden wieder.

© Norbert van Tiggelen

Erkennungsmerkmale

Riechts nach Hasenköttel arg
oder Pfefferminze stark,
riss die Mutti ein' vom Eisen,
aber nur 'nen ganz, ganz leisen.

Riecht es aber bös nach Gülle,
mieft sogar die Kleiderhülle,
selbst die guten Einkaufswaren,
ließ der Papa einen fahren.

© Norbert van Tiggelen

Älter werden

Älter werden ist nicht leicht,
manches Übel dich beschleicht.
Doch zum Glück gibt's ein paar Sachen,
die dir das Leben leichter machen.

Hast du etwas an den Ohren,
lass ich dich nicht lange schmoren:
Damit das Hören besser geht,
pump ich dir mein Hörgerät.

Sind die Augen schlecht geworden,
denk nicht dran, dich zu ermorden.
Ist gutes Seh'n dein ganzer Wille,
leih ich dir auch meine Brille.

Wenn die Beine nicht mehr wollen,
sind lädiert und angeschwollen,
zieren sie auch reichlich Narben,
kannst du meine Krücken haben.

Womit du es doch überspannst,
ist's, wenn du nicht mehr kauen kannst.
So sag ich dann: Du alter Wicht,
meine Beißer kriegst du nicht!

©Norbert van Tiggelen

Das Badezimmer

Im Badezimmer macht man Sachen,
die man meistens gerne tut.
Wartest du vor diesem lange,
packt dich auch schon mal die Wut.

Wenn du morgens nach dem Schlafe
müd' in diesen Raum reinschleichst,
sorgen Shampoo, Kamm und Seife,
dass du einem Menschen gleichst.

Ein Graus für jeden Badbenutzer,
der ihn oftmals setzt schachmatt,
ist, wenn jemand ausgelassen
kurz zuvor geschissen hat.

Firebird (Feuervogel)

Ich hatte mal 'nen Kumpel,
er war ein lieber Mann,
er trank sich gern sein Bierchen,
war darum sehr oft stramm!

Sein Name, der war Paul,
er trug 'nen langen Zopf,
er hatte einen Vogel -
im Käfig, nicht im Kopf.

Er liebte seinen Piepmatz
mehr als seine Frau,
der Vogel wurde leider
nicht wirklich alt und grau.

Zu seinem ersten Ehrentag
fiel „Paule" etwas ein:
Er stellte eine Kerze
in seinen Käfig rein.

Der Vogel lernte schnell
das heiße Lichtlein kennen,
und fing auch sofort an,
lichterloh zu brennen.

Er schrie sehr laut im Käfig,
der Paul, er riss ihn auf,
der Sittich flog voll Panik
auf den Tisch prompt drauf.

Die Tischdecke fing Feuer,
der Vogel zog 'ne Miene,
er flog darauf hinüber,
direkt in die Gardine.

Es machte ganz kurz „Puff",.
der Raum wurd' immer heller,
es stank schon sehr verbrannt,
sogar ganz tief im Keller.

Die Feuerwehr, sie kam,
zu retten „Paules" Leben.
Er sprang vorbei am Sprungtuch,
nur ganz knapp daneben.

Zum Glück wohnte der Paul
direkt im Erdgeschoss,
weshalb er den gewagten Sprung
ganz sanft im Gras abschloss.

Der Paul, er musste schreiben
'nen Schadensfallbericht,
aus der Psychiatrie jedoch
entlassen sie ihn nicht.

Frau

Konsequent und auch belesen,
suchte Gott ein Lebewesen,
was im Paradies sich sonnte
und auch ewig schnattern konnte.

Eine ständig meckernd' Ziege,
die nur steht auf Zickenkriege
und zudem nur dann erliegt,
wenn sie ihren Willen kriegt.

Eine dumme, schräge Wachtel,
die einmal als alte Schachtel
ihrem Herrn den Mund bestimmt
und sich wie ein Biest benimmt.

Eine miese, falsche Schlange,
die mit Neugier und Belange
sich wie eine Elster gibt
und darum den Schmuck auch liebt.

Als der Herrgott dann nach Tagen
Überlegen, Schuften, Plagen
merkt, dass es auch einfach geht -
und seitdem die „Frau" besteht.

©Norbert van Tiggelen

Indianer

Ich wäre gern ein Indianer,
mit Tomahawk und roter Haut,
lebte sorglos in den Morgen,
„Winchester" hieß' meine Braut.

Ich bräuchte keine noble Wohnung,
in der ich leb in Saus und Braus,
besäße ein paar Bisonfelle,
ein Wigwam wäre mein Zuhaus'.

Ich müsste nicht lang' diskutieren
über einen alten Streit,
mit der Friedenspfeife wäre
er ganz schnell Vergangenheit.

Ich bräuchte keine Mikrowelle,
käme sehr gut ohne klar,
denn zum Kochen wär' die Squaw
und das Lagerfeuer da.

Ich bräuchte keinen Arzt aufsuchen,
der Schamane heilte mich,
zur Belohnung kriegt' er Whiskey,
und das sogar allmorgendlich.

Meine Uhr, das wär' die Sonne,
und das Pferd mein Kamerad,
bin ich einmal voller Zweifel,
bringt Manitu mich auf den Pfad.

How!

© Norbert van Tiggelen

Schrottplatz im Gesicht

Eigentlich 'ne richtig Hübsche,
tolle Augen, Wahnsinnsblick.
Auch der Rest nicht zu verachten,
rundum wirklich alles schick.

Doch wenn sie beginnt zu husten,
wird's auf einmal richtig laut,
als ob jemand mit 'nem Knüppel
kräftig auf 'ne Kette haut.

Schuld sind ihre ganzen Piercings,
ich verstehe so was nicht!
Warum deformier'n sich Mädchen -
mit 'nem Schrottplatz im Gesicht?

© Norbert van Tiggelen

Se(chs)x-Süchtig

Se(chs)x ist etwas ganz Besondres
und das ist kein blöder Scherz.
Hast du ihn nicht irgendwann mal,
leidet deine Seele Schmerz.

Er sorgt prompt für gute Laune,
lässt dich schweben gnadenlos,
ganz egal, ob du nun reich bist
oder sogar arbeitslos.

Mit ihm kannst du sehr gut leben,
ohne ihn ist's kalt und fad.
Er spornt an zu neuen Werken,
dir fällt leicht so manche Tat.

Ganz speziell am Wochenende,
hofft man auf ihn insgeheim.
Du bist auf der Stelle glücklich,
wenn er schmückt den Lottoschein.

©Norbert van Tiggelen

Viagra- Schock

Eine Dame kommt zum Doktor
schlecht gelaunt und auch geschwächt.
Sie klagt über ihren Gatten,
dass der Sex mit ihm sei schlecht.

Von Viagra hält er Abstand
wegen eines alten Spleens,
er hat mächtig Angst vor Pillen
und nimmt nicht mal Aspirin.

Der erfahr'ne Mediziner
gibt ihr einen guten Rat:
Sie ins Essen zu vermischen -
was sie später dann auch tat.

Ein paar Tage, die vergingen,
dass sie traute sich zum Doc.
Ins Gesicht stand ihr geschrieben
noch ein wahrlich schwerer Schock.

Als der Arzt sie dann befragte,
wie es denn gelaufen sei,
sagte sie: "Es war ein Drama!"
und erzählte weiter frei:

"Kurz nachdem ich ihm die Pillen
in sein Mittagsessen tat,
sprang er auf wie eine Wildsau
und dann hatt' ich den Salat.

Auf den Tisch hob er mich grunzend,
wild und stürmisch schnell empor,
nahm mich, ohne mal zu fragen,
wie er's niemals tat zuvor.

Zugegeben, war es spitze -
doch wir sind in großer Not:
Denn in unsrem netten Wirtshaus
haben wir jetzt Hausverbot."

© Norbert van Tiggelen

Fliegentöter

Eine Frau kommt in die Küche,
sieht den Mann mit wachem Blick:
In der Hand ne halbe Zeitung,
Sportteil und die Politik.

Frauchen fragt ihn mit Interesse:
„Hey, mein Schatz, was machst du da?"
Er erklärt mit ruhigen Worten:
„Ich bring um die Fliegenschar!"

„Hast du schon ein paar erledigt?"
fragt ihn dann sein holdes Weib.
Er sagt stolz und majestätisch:
Schau sie an, genau fünf Leib!"

Dreimal Junge, zweimal Mädchen,
sind es, die ich hab erlegt.
Gnadenlos mit ein paar Schlägen
und sich keine mehr noch regt.

„Sag mal wie erkennst du das denn?
Ich könnt' das im Leben nie!"
„Ist doch einfach!" spricht er weise,
ohne Hohn und Ironie.

„Zwei von diesen dicken Brummern
saßen auf dem Telefon.
Drei direkt an meinem Bierglas,
ist das nicht ein echter Hohn?

©Norbert van Tiggelen

Der Anfang vom Ende

Montag
Ein paar hab ich noch getrunken -
achtzehn Bier und zwei Glas Wein.
Heute plagt mich glatt der Kater
und ich brauch 'nen Krankenschein.

Dienstag
Fühle mich wie „Dirty Harry".
Ist das denn noch alles fair?
Schädel brummt, die Knochen zittern -
ich sauf garantiert nicht mehr!

Mittwoch
Heute geht es mir schon besser.
Mensch, was war ich doch schlecht dran;
Alkohol ist nun Geschichte -
ich bin halt ein echter Mann.

Donnerstag
Schweißausbrüche, Pumpe stolpert,
mir bleibt wirklich nichts erspart.
Einen kleinen könnt' ich trinken -
doch ich bleibe erst mal hart.

Freitag

Mann, was ist die Zunge trocken,
ohne Alk ist's doch gemein.
Ein paar Bier und zwei, drei Schoppen
dürfen's ausnahmsweise sein.

Samstag

Vorgeglüht wurd' gestern prima,
heute Abend, welch ein Hohn,
kommen zwei ganz tolle Damen:
Klara Korn, Maria Cron.

Sonntag

Oh mein Gott, der Schädel brummelt!
Heute pack ich gar nichts an;
höchstens eine Tasse Kaffee
oder 'n Humpen Baldrian.

Montag

Ein paar hab ich noch getrunken -
achtzehn Bier und zwei Glas Wein.
Heute plagt mich glatt der Kater
und ich brauch 'nen Krankenschein.

„Balkonia"

Wenn andre in den Urlaub fahren
und Strapazen sich antun,
gehe ich nur ein paar Schritte,
um mich stressfrei auszuruh'n.

Pizza gibt es um die Ecke,
meine Frau macht keiner an.
Wörterbuch ist auch nicht nötig,
hier bin ich der schönste Mann.

Muss nicht um mein Auto bangen,
dass man es mir einfach klaut,
kriege keinen auf den Deckel,
wenn die Musik ist zu laut.

Hier versteht mich jede Seele,
selbst wenn ich betrunken bin.
Brauch ich ein paar leckre Würstchen,
flitze ich zum Aldi hin.

Trinkgeld muss ich keines zahlen,
Bier hol'n ist ein Kinderspiel
Hier bin ich den ganzen Sommer,
du, mein liebstes Reiseziel!

©Norbert van Tiggelen

Beweismittel

Ein Zehnmarkschein, der war damals
eine ganze Menge wert;
man konnt' shoppen ohne Ende,
locker, frei und unbeschwert.

Alkohol und Knabbereien
für ein heitres Wiegenfest,
Süßigkeiten, Coca Cola,
und zudem zwei Schachteln West.

Heutzutage ist das leider
nicht mehr möglich – gute Nacht!
Weil in jedem Einkaufsladen
dich 'ne Kamera bewacht.

© Norbert van Tiggelen

Ich bin DEIN Fan !

Dich hab ich schon oft bewundert,
schätzungsweise tausendmal;
gegen dich find ich mich scheiße,
höchstens wie 'ne zweite Wahl.

Du hast eine tolle Aura,
die ist einfach grandios.
Wer dich einmal live erlebt hat,
kommt von dir so schnell nicht los.

Doch was ich jetzt grad bemerke -
wie konnt' sowas nur gescheh'n?
Dieser Gruß, der sollt' im Grunde,
glaub mir - zu 'nem andren geh'n!

© Norbert van Tiggelen

Influenza

Ich bringe dich zum Beben
und das die ganze Nacht;
habe schon ganz anderen
das Leben schwer gemacht.

Du wirst vor Panik zittern,
dir wird mal heiß, mal kalt;
selbst wenn du vor Angst betest,
dann mache ich nicht halt.

Ich geb' mich zu erkennen,
sag es ruhig deiner Sippe:
Mit mir ist nicht zu spaßen!
Es grüßt dich - deine Grippe.

© Norbert van Tiggelen

Irgendwie utopisch

Es gibt Frauen - Himmelherrgott! -,
die sind wirklich komisch drauf.
Zur Verschön'rung ihres Körpers
nehmen sie manch' Qual in Kauf.

Lassen sich die Brüste machen,
tragen zudem künstlich' Haar.
Was natürlich auch gestylt wird:
Nägel, Wimpern – ist doch klar.

Und zum Schluss das Kuriose,
was doch echt nicht wahr sein kann:
Viele nachgeahmte „Frauen"
wollen einen „echten" Mann.

© Norbert van Tiggelen

Zwangsdiät
(Frauenversion)

Hach, was ist das für 'ne Plage:
Hohe Zahlen auf der Waage!
Selbst wenn ich auch vorher bete -
bück ich mich, dann platzen Nähte.

Selbst der Spiegel kriegt das Grollen,
statt zu laufen, kann ich rollen.
Mich mein Bäuchlein arg doch hemmt,
und die Hos' im Schritte klemmt.

Dusch ich mich und schau hinunter,
werde ich nicht wirklich munter.
Kann mich wenden und auch drehen,
doch nicht meine Füße sehen.

Noch ist es nicht ganz zu spät,
ich mach' eine Zwangsdiät.
Wann jedoch, kann ich nicht sagen -
mich grad Durst und Hunger plagen.

©Norbert van Tiggelen

Zapfenstreich

Wenn der kleine Angestellte
sich dem Schlechten mal gesellte,
wird ihm kurzerhand gekündigt
und mit einem Schlag entmündigt.

Wenn dem Reichen das passiert,
ihn das gar nicht interessiert.
Er wird feierlich entlassen,
auch wenn ihn die Knechte hassen.

Ist das alles noch im Rahmen,
liebe Herren, liebe Damen?
Dass der Große wird gelobt,
wo man mit dem Kleinen tobt?

Bist du finanziell beschlagen,
wird man dich auf Händen tragen;
und bekommst trotz Schmach sogleich
hier den großen Zapfenstreich.

© Norbert van Tiggelen

Was ist das? Teil 2

Mancher Mann fühlt sich geschlaucht,
wenn er dieses Ding gebraucht.
Dem einen ist sie viel zu klein,
dem anderen passt sie astrein.

Mancher Mann benutzt sie nicht,
auch wenn's wäre seine Pflicht.
Er mit Risiko dann liebt,
auf gut Glück 'ne Nummer schiebt.

Mancher Mann braucht sie in Massen,
denn er hasst es, aufzupassen.
Will sich ohne Sorgen paaren
und auch Alimente sparen.

Mancher Mann sich ängstlich kratzt,
wenn er merkt, sie ist geplatzt.
Was ist das nur, du liebe Güte -
ich sag es euch: Die Lümmeltüte!

©Norbert van Tiggelen

Schwere Kost

Kommt ein Kannibale kraftlos
zu 'nem Medizinmann hin,
winselt über arge Schmerzen,
zieh'n bis zur Rosette hin.

Außerdem stockt die Verdauung,
aufrecht gehen fällt nicht leicht.
Magenschmerzen wie der Teufel,
selbst ein Pups ihm nicht entweicht.

Der Schamane, sehr erfahren.
schaut ganz tief in seinen Po.
Fragt erschrocken und bedächtig:
"Musst du nicht einmal aufs Klo?"

Diagnose fällt ihm einfach
und er sagt es allzugern:
"Willst des Darmes Trägheit lindern,
halt dich von Beamten fern!"

© Norbert van Tiggelen

Gedächtnislücken

Vier Omis sitzen unbeschwert
bei einem heitren Kaffeeklatsch.
Sie schäkern über Sex im Alter,
Faltencremes und all so'n Quatsch.

Plötzlich kommt ein ältrer Herr
ein wenig tatterig ins Cafe;
er bleibt nicht lange unbemerkt
von diesem Weiberkomitee.

Nach einer kurzen Diskussion
erhebt sich eine Dame dann
und meint, dass man sein Alter flugs
aufs Jahr genau bestimmen kann.

Der alte Mann bezweifelt dies,
jedoch das Frauenzimmer spricht:
"Wenn du runterlässt die Hosen,
wirst du's sehn, du alter Wicht!"

Etwas starr, jedoch entschlossen
lässt er runter seine Tracht,
und zur Freude dieser Weiber
er noch ein, zwei Tänzchen macht.

Plötzlich und ganz unerwartet
ruft der Frauenchor vereint:
"Du bist stramme Achtundachtzig,
das ist völlig ernst gemeint!"

Ohne hochgezogne Hosen
stand der Alte da und sprach:
"Wie habt ihr das rausbekommen?"
Für ihn war es eine Schmach!

Hämisch sagten dann die Damen:
"Älter werden ist die Pest.
Gestern waren wir doch Gäste
noch auf deinem Wiegenfest!"

© Norbert van Tiggelen

Durchfall-Eskapaden Teil 1

Durchfall ist so eine Sache,
über die man ungern spricht.
Doch mir ist da was geschehen -
gottverdammt, ihr glaubt es nicht.

Letztens sitz ich so beim Essen,
plötzlich zwickt mir arg der Darm.
Da ich so was schon mal hatte,
schlug das Kleinhirn prompt Alarm.

Wie von einem Blitz getroffen,
schoss ich geradewegs zum Klo;
Deckel hoch und Hose runter,
kein Problem – dacht' ich mir so.

Doch was soll ich euch erzählen -
ich bekam die Hos' nicht auf.
Der Versuch, mich zu entkleiden,
glich wohl eher 'nem Dauerlauf.

Als ich endlich auf dem Thron saß,
schoss aus mir die ganze Brüh'.
Es war ein Gefühl des Glückes -
doch ich freute mich zu früh.

Plötzlich ließ ich einen fahren -
Herrgott, war das ein Radau;
glich der Blähung eines Pferdes
oder gar 'nem Supergau.

Abgekämpft und doch erleichtert,
hinkte ich vom Örtchen dann.
Wusch mir pfleglich meine Hände -
ich bin halt ein „Edelmann".

Als ich wieder kam zu Tische,
spürte ich, es herrschte Not.
Chef des Gasthofs schaute grimmig -
seitdem hab ich Hausverbot.

Die berühmten
drei Worte

Drei ganz wunderbare Worte,
die den Mann ganz tief berühren,
dass er gar vergisst, zu atmen
oder einen Schmerz zu spüren.

Diese Botschaft wird ihn lähmen,
nicht nur für die erste Zeit;
auch in Zukunft plagen ihn dann
Schüttelfrost und Übelkeit.

Worte, die ihm Fragen stellen:
Mann, wie konnte das geschehen?
Wird man sich nach mir noch umschau'n?
Wird die Welt jetzt untergehen?

Mit einem Schlag kommt er sich vor,
als stünde er am Pranger;
wenn sein Spatz ganz freudig sagt:
„Du, Hase - ich bin schwanger"!

©Norbert van Tiggelen

Ganz der Alte

Bello wird vermisst seit Stunden,
Kater Ben verharrt im Baum,
Sittich Peter ist entflogen -
Mordsgestank in jedem Raum.

Opi ringt nach Luft am Boden,
Mutti schreit: "Was kann das sein?"
Omi greift zu ihren Pillen,
Augen tränen ganz gemein.

Schuld ist Vati, der gemeine,
macht er auch auf keusch und reine,
denn vor etwa ein, zwei Jahren -
ließ er ordentlich ein' fahren.

© Norbert van Tiggelen

Kloordnung

Sehr geehrter Klobenutzer,
Lies doch dieses Schild genau!
Hier gibt es ein paar Gesetze -
sie zu achten, wäre schlau.

Schließ die Tür bei dem Geschäfte,
quäl uns nicht mit deinem Dunst;
wenn auch „Mann" beim Pinkeln säße,
wär's für alle eine Gunst.

Der Toilettenrollenhalter
lädt sich nicht von ganz allein;
die Klobürste nicht zu nutzen,
macht im Grunde nur ein Sch...

Auch die kleinen Kurzgeschäfte,
müffeln etwas mit der Zeit.
Darum spüle sie von dannen,
und kein Unmut macht sich breit.

Händewaschen nach der Sitzung
wäre fein, benutz dein' Grips;
denn auch deine werten Finger
greifen mal in unsre Chips.

Geräuschkulissen

Mutti hat so hin und wieder
Dünnpfiff, und das ganz extrem;
rennt sie panisch dann zum Lokus,
hat sie ständig ein Problem.

Hängt sie gerade überm Boiler,
röhrt sie laut wie eine Kuh.
Peinlich ist ihr, man kann's ahnen:
Die Familie, sie hört zu.

Manches Mal schlägt sie Rekorde,
wenn sie lautstark sich entleert.
Hat sie 's Fenster dann geöffnet,
sich der Nachbar gar beschwert.

Doch seit ein paar Tagen hat sie
eine Lösung und ist froh:
Sie hört auf dem Donnerbalken
gellend singend Radio.

© Norbert van Tiggelen

Engels-Streich

Wenn ich irgendwann mal tot bin
und ich hatte richtig Kies,
bin ich zu den Hinterbliebnen
ganz gemein und richtig fies.

Wenn sie schon die Kohle erben,
sollen sie auch etwas tun,
und nicht mit 'nem dicken Bäuchlein
braungebrannt an Stränden ruh'n.

Ich habe einen Plan im Kopf,
den finde ich zum Schießen.
Auf meinem Grab, da steht der Spruch:
Wer erbt, der kann auch gießen!

© Norbert van Tiggelen

Berechtigte Ängste

"Vati, sag mal - eine Frage:,
Ich bin mutig, forsch und jung,
darf ich bitte einmal wagen
einen coolen Bungee-Sprung?"

"Oh mein Junge", sagt der Vater,
"tu das bitte lieber nicht!
Wenn dir dabei etwas zustößt,
ist dein Leben schnell Geschicht'.

Ein kaputtes Gummi war schon
schuld daran, dass du hier stehst.
Soll es jetzt auch dafür sorgen,
dass du heut' schon von uns gehst?!"

© Norbert van Tiggelen

Arbeit & Beruf Teil 3

Der Straßenwärter ist belesen -
mit Schippe, Hacke und auch Besen.
Sein Rüttler macht ihn richtig kirre
drum ist er manchmal etwas wirre.

© Norbert van Tiggelen

Der Taucher nutzt nicht wirklich immer
seinen Anzug – so ein Schlimmer!
Saugt dann ein Fisch an seinen Klöten,
wird er sicher leicht erröten.

© Norbert van Tiggelen

Der Fliesenleger fliest behände
Säulen, Böden und auch Wände.
Sein Augenmaß nur Bände spricht -
denn Fugenkreuze braucht er nicht.

© Norbert van Tiggelen

Der Goldschmied repariert gern Dinge -
Uhren, Ketten und auch Ringe
Mancher Lump, das darf nicht fehlen,
würd' ihm diese gerne stehlen.

©Norbert van Tiggelen

Die Kellnerin, braucht oftmals Schneid -
ihr Job ist keine Kleinigkeit.
So mancher Typ will ihr gefallen,
doch meistens ist er arg am Lallen.

Der Konditor macht gerne Torten,
kreativ in vielen Sorten,
erlaubt sich ungern einen Schnitzer -
dieser fesche Sahnespritzer.

Wenn ein Metzger sich im Spiegel
anschaut und kriegt dann 'nen Graus,
dann sieht seine schnöde Murmel
etwas wie Gehacktes aus.

Das, was er macht, ist meistens lecker -
hoch lebe unser Pizzabäcker!
Doch setzt er sich die Mütz' nicht auf,
sind Haare auf dem Backwerk drauf.

Der Räuber ist ein übler Schuft,
meist unterwegs in dunkler Kluft.
Was er gut kann, das ist Stehlen:
Bilder, Geld, und auch Juwelen.

Der Schlosser werkt von früh bis spät,
er dabei auch Gewinde dreht.
Er sägt, er bohrt, er schraubt, er misst -
er sich auch mal aufs Klo verpisst.

Der Schmied hat ziemlich dicke Arme,
wenn der zuschlägt – Herr, erbarme!
Doch was ihn machte sehr zufrieden:
Könnt' er sein Glück sich selber schmieden.

Der Steinmetz ist ein starker Mann,
der aus Granit was meißeln kann.
Er formt mit Können und mit Fleiß
aus Stein manch Personalausweis.

Der Baggerfahrer ist ein Mann,
der tiefe Löcher buddeln kann.
Hört man nicht mehr seinen Riesen -
steckt er wohl in einem diesen.

Wenn Chef's Popöchen mächtig brennt,
vor Schmerz er nur zum Boiler rennt,
selbst Salben haben keinen Sinn -
dann steckt ein Kriecher in ihm drin.

Der Dachdecker, das ist ein Mann,
der recht lange fallen kann.
Tritt er mal vorbei am Sparren,
hör ich die Scharniere knarren!

Wenn der Glaser früh am Morgen
sieht durchs Glas ein nacktes Weibe,
denkt er sich wohl nicht ganz grundlos:
Hab ich einen an der Scheibe?

Der Staplerfahrer ist ein Flotter,
ob auf Asphalt oder Schotter.
Wagt da wer 'nen großen Schnabel,
jagt er ihn mit seiner Gabel.

Die Taucherin, das ist 'ne Frau,
stellt ihren Körper gern zur Schau.
Schwimmt ein Fisch in ihre ...,
ist es laut - das Weibsgetöse.

Der Straßenwärter ist ein Wesen,
der mag nicht grad den Straßenbesen.
Doch was er hasst, so wie die Pest:
Hält jemand sich an ihm nur fest.

Der Friedhofsgärtner ist ein Mann,
der tiefe Löcher schaufeln kann.
Und glaubt es mir - allwöchentlich
hat er mehr Menschen unter sich.

Vierzeiler rund um's Leben Teil 3

Denk wie ein Stuhl – sei tolerant,
er hat noch nie 'ne Seele verbannt.
Auch er musste lernen, ohne zu klagen,
ein jedes Arschloch brav zu ertragen.

Fürze stinken oft erbärmlich,
das weiß doch ein jedes Kind.
Dran beglücken kannst du dich meist,
wenn es deine eignen sind.

Der Nymphomane ist ein Mann,
der - ganz im Ernst - fast immer kann.
Und darum ich auch gut versteh:
Ihm tut recht oft der Pinsel weh.

Ist der Stuhlgang heut' mal hart,
wird an Einsatz nicht gespart.
Drücke fest ganz ungeniert,
bis der Boiler explodiert.

Wenn was vor die Stirne scheppert,
dass du bist auf Anhieb deppert,
hilft im Garten auch kein Beten,
dann bist du auf 'ne Hark' getreten.

©Norbert van Tiggelen

Kinder lassen Drachen steigen,
in die Höh' am Firmament.
Vati hat ihn oft zuhause,
er darum keinen Freigang kennt.

©Norbert van Tiggelen

Hast du für heute kein Gewand,
dann ist das keine große Schand'.
Wenn die Feierwut dich packt -
trau dich was: Geh einfach nackt!

©Norbert van Tiggelen

Sind die Hände eisig kalt,
bekommst sie nicht zur Faust geballt,
wärm sie in Sekundenschnelle,
pack sie in die Mikrowelle.

©Norbert van Tiggelen

Wenn man um dich 'nen Bogen macht,
vor Augenbrennen nicht mal lacht,
dir androht gar 'nen Freundschaftsbruch -
ich glaub, dann hast du Mundgeruch!

Ich hüpf hier grade wie ein Hippie:
Ist kein Wunder – ich muss pipi!
Geschafft hab ich's nicht ganz zum Fass -
jetzt ist der olle Boden nass.

Ein Restaurant, das ist 'ne Stätte,
da legt man wert auf Etikette.
Sind im Essen Haare drin,
geht man dort nicht wieder hin.

Wenn der Schweiß tropft von der Stirne
und knallrot ist deine Birne;
du krampfhaft an der Brille packst -
dann sitzt du auf dem Thron und kackst.

Wer andren eine Bratwurst brät,
befindet sich meist auf Diät.
Er will, dass du sie brav vertilgst
und später aus dem Anzug quillst.

Drücke niemals ab im Sitzen,
denn dann kommst du arg ins Schwitzen,
weil das Wasser wie bematscht -
unter deinen Eiern klatscht.

Wenn dein Nachbar dich nicht mag
und dir zusetzt Tag für Tag,
er dich hält für arm und krank -
dann pinkle ihm doch in den Tank!

Weidezäune sind gefährlich,
grad beim Pinkeln – sind wir ehrlich.
Schaust du zuckend hoch zum Himmel,
denkt man sich, dir juckt der ...

V(T)ierzeiler Teil 3

Das Nilpferd hat ein schweres Leben,
denn wenn's rennt, dann tut es beben.
Die Kurve kriegt es gerade so -
liegt wohl an dem dicken Po.

©Norbert van Tiggelen

Solltest du dein Vöglein suchen,
denke nach – hör auf zu fluchen.
Manchmal fliegt er mit Routine
gern mal in die Spülmaschine.

©Norbert van Tiggelen

Der gute alte Bernhardiner
ist schon manchmal ein Schlawiner.
Denn, und nimm es ihm nicht krumm,
er füllt dich gern mal ab mit Rum.

©Norbert van Tiggelen

Der Elefant hat einen Rüssel,
krümmt ihn wie 'nen Notenschlüssel.
Kann er ihn jedoch nicht biegen,
wird er Depressionen kriegen.

©Norbert van Tiggelen

Das Gorilla-Männchen mag
seine Sippschaft, Tag für Tag.
Mache niemals an sein Weibchen,
denn dann teilt er dich in Scheibchen.

'Ne Kuh zu finden ist nicht schwer,
das kommt nicht von ganz ungefähr.
Denn in Gassen und auf Pfaden
hinterlässt sie ständig Fladen.

Die Schlange döst zumeist ganz still,
weil sie sich nicht bewegen will.
Doch etwas Fitness, die muss sein,
drum mach 'nen Knoten in sie rein!

Der Strauß gehört nicht zu den Weisen,
drum dient er höchstens zum Verspeisen.
Dafür legt er große Eier,
dieser grau gescheckte Freier.

Gänse schnattern ohne Ende
unentwegt von früh bis spät.
Und dann wundern sie sich auch noch,
dass man sie zum Dinner brät.

Ein Hai, das ist ein Fisch von vielen,
sucht sich gerne was zum Spielen.
Den Surfer findet er ganz lecker -
so verschieden sind Geschmäcker!

Die Motte flattert federleicht,
was unser Herz oft nicht erweicht.
Und eines mag sie wirklich nicht:
wenn sie fliegt durchs Kerzenlicht.

Das Stinktier hat 'nen fiesen Trick,
dass dir sogar verschwimmt der Blick.
Und von dieser üblen Waffe
wird sogar der Kreislauf schlaffe.

Lange Löffel ihm gehören,
frisst mit Liebe viele Möhren.
Fühlt sich wohl auf einem Rasen,
so beschreibt man einen Hasen.

Mit Elstern kann man Umsatz machen,
denn sie klau'n gern blanke Sachen.
Darum denk ich schon seit langen,
mir mal eine einzufangen.

Der Gockel ist der Herr der Hennen,
die seinen Trieb schon sehr gut kennen.
Doch hat er keinen Bock zum Poppen,
geht er frech den Bauern foppen.

Der Hahn besteigt die Henne gern,
sie zu missachten, liegt ihm fern.
Will er sich mal nicht vermehren,
wird er ein paar Körner zehren.

Die Henne steht auf ihren Hahn,
denn er hat es ihr angetan.
Zu oft hört er nur ihr Geschrei:
„Du, ich will von dir ein Ei!"

Igel haben spitze Stacheln,
dienen stets zu ihrem Schutz.
Gott sei Dank, denkt sich das Weibchen,
nicht auf Männchens Schniedelwutz!

Der Löwe, das ist ein Regent,
der sein Gehege sehr gut kennt.
Durchquere bloß nicht sein Gebiet,
denn Schlimmes dann mit dir geschieht.

Schweine, die sind selten sauer,
denn es mästet sie der Bauer.
Einmal nur trifft sie der Schlag -
das ist meist am letzten Tag.

Ein Truthahn sein, das ist nicht leicht,
denn sein Anblick, der erweicht.
Kurz betrachtet auf die Schnelle
gleicht er einer Frikadelle.

Wenn du deinen Sittich suchst,
vor Verzweiflung ganz laut fluchst:
Manchmal sitzt die Flugmaschine
oben auf der Glasvitrine.

Das Nashorn ist ein dickes Tier,
sein Hintern wahrlich keine Zier.
Zudem, das weiß fast jedes Kind,
ist es auch so gut wie blind.

Auf dem Wasser still zu treiben,
ist 'ne Wohltat, so soll's bleiben.
Doch kommst du zu nah dem Rochen,
zittern dir ganz arg die Knochen.

Zugabe

Der Archäologe buddelt Löcher,
wenn's drauf ankommt, noch und nöcher.
Sein Herz fängt lautstark an zu pochen,
findet er 'nen alten Knochen.

So mancher Bauarbeitersmann
sehr schwere Sachen heben kann.
Doch Frau'n, verliebt euch nicht zu schnelle -
manche sind im Hirn nicht helle.

Hat dein Mann ein Dauergrinsen,
platzen ihm die Kunststofflinsen,
trifft sein Blick dich wie ein Pfeil -
ist er - klar doch! - wieder … .

Der Elektrikergeselle
ist im Grunde lieb und nett;
geh ihm NIEMALS an die Sichrung,
denn dann macht er aus dir Mett!

Das Ferkel ist noch ziemlich klein,
ein richtig süßes Minischwein.
Doch hat es Pech, lebt's nicht sehr lang
denn speisen ist der Menschen Zwang.

Gelb und Schwarz sind ihre Farben,
vor ihr flüchten auch mal Knaben;
sie gleicht schon 'nem kleinen Pummel -
so beschreibt man eine Hummel.

Fällt der Maurer von der Leiter,
lacht ganz laut der Vorarbeiter.
Die Beul' im Helm ist ihm kein Graus -
der Klempner macht sie wieder raus.

Ich weiß es aus ganz sichrer Quelle:
Manch Maurerhelm hat eine Delle!
Da fragt man sich: Wie kann das sein?
Haut sich wohl oft den Schädel ein.

"Opa Langbein" nennt man ihn,
Frau'n beim Anblick vor ihm flieh'n;
eines aber mag er nicht -
nämlich offnes Kerzenlicht!

Der "Schütze Arsch" ist leicht benommen,
er konnt' dem Feind noch grad entkommen.
Sein Helm zerbeult, drum triffts den Nagel:
Er stand wohl in 'nem Kugelhagel.

Strom kann mit dir Dinge machen,
die sind wahrlich nicht zum Lachen.
Zuckt er in dir, wirst du kirre -
und du bist 'ne Zeitlang wirre.

Tausendfüßler haben's schwer,
ihre Psyche leidet sehr.
Fangen sie mal an zu stolpern,
wird ihr Körper lange holpern.

"Teatime"

Tritt man Vati auf die Hände,
während er spazieren geht,
pinkelt er ganz brav im Sitzen,
weil die Welt sich böse dreht,
sind die Knie wund und blutig,
tut ihm das nicht einmal weh,
hat er sicher - glaubt's mir, Freunde -
richtig tierisch ein' im Tee.

© Norbert van Tiggelen

Schrank aufbau'n

Sind die Wände schief und krumm,
musst du tricksen - sei nicht dumm.
Höre, was ich dir nun sage:
Pfeif bloß auf die Wasserwaage!

Spar dir Ärger, Zeit und Qualen -
triff die richt'gen Werkzeugwahlen!
Hier ein Tipp, wie's schneller geht:
Kettensäge - Schussgerät!

© Norbert van Tiggelen

Faltenprobleme?

Musst du dir den Hut aufschrauben,
weil die Stirne faltig ist?
Wirst du nach dem Gang zur Omi
glatt im Altersheim vermisst?

"Aktentasche" sagt man zu dir,
das nervt dich seit Jahren schon.
Letztens nannte man dich "Dino",
kaum ein Tag mal ohne Hohn.

Schluss mit Lustig! Du musst handeln -
hast kein' Bock auf Pein und Häme!
Es gibt nur noch eine Lösung:
Kauf dir Antifaltencreme!

© Norbert van Tiggelen

Ciao Bella

Will die liebe Schwiegermutter
wieder einmal nicht nach Haus,
sei kein Grobian, mein Lieber -
wirf sie nicht gefühlslos raus!

Nimm ein wenig Abführmittel,
schütt ihr dieses in den Tee.
Dann versteck den Lokus-Schlüssel,
das sind Schmerzen - weh oh weh!

Kümmre dich um ihren Kläffer,
zeige ihm, dass du ihn magst.
Dass du ihn mit Pfeil und Bogen
und auch einer Zwille jagst.

Schnappe dir Sekundenkleber,
ein paar Tröpfchen reichen schon;
und sie klebt mit ihrem Hintern
eine Zeitlang fest am Thron.

Wenn sie nach dem Mittagsschläfchen
auch noch das Gebiss vermisst,
wird sie von alleine merken,
dass sie nicht geduldet ist.

© Norbert van Tiggelen

Bekanntmachung

"Hömma Schätzken, weisse noch...?" (mein nächstes Buch) ... wird eine tolle Serie von Kurzgeschichten mitten aus dem staubigen Kohlenpott, so wie ich sie entweder selbst erlebt habe oder vom Hörensagen erfuhr. Geschichten, die eher nicht alltäglich sind, werde ich „meinem Schätzken" im leichten Ruhrpott-Slang erzählen - und wenn Sie möchten, dürfen Sie gerne mitlesen! Mit „datt und watt" (das und was) und „kannse und bisse" (kannst du und bist du) geschrieben, wirken die folgenden Geschichten doch ein wenig undramatischer, als sie tatsächlich waren, frei nach dem Motto: „Humor is, wenn der Kumpel trotzdem lachen tut!"

(Die Namen der Personen in den nun folgenden Kurzgeschichten sind frei erfunden. Jegliche Übereinstimmungen und Ähnlichkeiten mit Menschen aus dem realen Leben wären rein zufällig).

Ich wünsche Ihnen nun viel Spaß beim Lesen!
Der Autor (und Kohlenpottkind)
Norbert van Tiggelen

"Hömma Schätzken, weisse noch...

...als unserem damaligen polnischen Nachbarn „Pavel" genau am Sylvestertach die Hütte halb abgefackelt is? Okay, an einem solch arschkalten Tach ist man für jeden Grad mehr inne Bude dankbar, aber warum denn gleich auf so'ne extreme Art, indem man mit brennender Zigarettenkippe in der Furzkiste einpennt? Zudem soll es ja Unglück geben, wenn man an diesem Tag das Feuerwerk mehr als eine Stunde eher beginnt.... behauptete zumindest meine Mutter imma.

Da Pavel gerade erst ein paar Tage hier wohnte, kannte er kaum eine Menschenseele und hatte darum auch

keine „Kumpels" und von
Familienangehörigen ganz zu schweigen,
denn er kam aus einer Ecke Polens
hergezogen, die nicht einmal auf einer
Landkarte eingetragen war.

Zum Zeitpunkt des gelöschten,
uneingeplanten Fegefeuers in seinem
Schlafzimmer kannten wir Pavel etwa
zwei Wochen... weniger persönlich, denn
er konnte eh kaum ein Wort Deutsch
sprechen.
Aber was wir sahen, reichte uns. Er war
so ein richtiger Schwiegermuttertyp ...
sah etwa so aus wie Till Schweiger mit
dem Körper von Sylvester Stallone in
Bestform ... bloß ganz anders: Auf knapp
1,80 Meter Körpergröße geschätzte 52
Kilo Bruttogewicht – ohne Verpackung
also noch gute drei bis vier Kilo weniger -
wenn er grad die schweren
Unfallverhütungsschuhe mit den
Stahlkappen trug (in diesem Falle
stimmt die Figurbeschreibung
tatsächlich).
So stand er nun vor mir an diesem

Sylvestertag, als ich mir an der Trinkhalle gerade die Bildzeitung kaufte und er bei knapp minus 10 Grad in seinem T-Shirt bibberte wie ein Zitteraal.

„Na Pavel, alte Stehlampe – watt hasse gemacht und warum qualmst du noch ausse Nasenlöcher? Energieeinsparungsversuche - oder ist das Tischfeuerwerk ein wenig zu groß ausgefallen?"
Dass es bei IHM gebrannt hatte, wurde mir kurz zuvor am Schalter des Kiosks erzählt, wo man stets über die Neuigkeiten der Umgebung informiert wurde. Außerdem kämpften die Feuerwehrmänner ein paar Meter weiter immer noch mit der Löschung seines Oberbetts, welches er mit viel Mühe mit etwa 5 Kilogramm Plastiktüten ausgestopft hatte, damit es schön kuschelig war, wobei die Betonung auf „war" liegt. Ich glaube, keiner von den Feuerwehrmännern hatte jemals zuvor soviel Rauch aus einem brennenden Oberbett steigen sehen.

Als ich ihm dann in die Augen schaute, tat er mir doch etwas leid, denn mir fiel auf.... Irgendwas fehlt in seinem Gesicht! Wo waren bloß seine Haare und die Augenbrauen geblieben, die er noch am Vortag so dicht trug... und wo war nur der Oberlippenbart? Irgendwie erinnerte mich Pavel in diesem Augenblick ein wenig an Kojak ... wenn da nicht die „nur" knapp 50 Kilo Lebendgewicht gewesen wären. Pavel erklärte mir mit Händen und Füßen sowie einer Alditüte in der Hand (worin er sein ganzes, gerettetes Hab und Gut hatte - Zigaretten, Feuerzeug, eine Geldbörse und ein Paar Socken) wild gestikulierend, dass er seine Haarpracht beim Versuch, das brennende Oberbett aus dem Fenster zu werfen, verloren hatte. „Mich tutt wäh ganze Gähsicht", jammerte er ständig.

Trotz all dieser Ironien wusste ich genau, was ich zu tun hatte, und außerdem wollte ich Pavel ja sowieso nur etwas aufmuntern. Da seine Bude durch den Brand ja nun stank wie ein frisch gefüllter Holzkohlebeutel, bot ich ihm an, bei uns ins neue Jahr zu feiern, was er mit einer Träne in den Augen dankend annahm. Natürlich wies ich ihn darauf hin, dass alle hochwertigen Küchengeräte an den Wänden festgekettet wären und sämtliche Wertpapiere über Nacht bei meinen Eltern liegen würden.

Endlich sah ich wieder das Lachen in Pavels Gesicht, was ich doch so oft von ihm kannte.

Gesagt wie getan, unser polnischer Nachbar schellte um Punkt 19 Uhr, wie abgemacht - aber wie sah er aus? Genau so beschissen wie noch knapp 9 Stunden zuvor unten am Trinkhallenschalter. Wie sollte er sich auch ohne Strom und mit etwa fünf Kubikmeter Löschschaum in der Wohnung frisch machen, wie konnte ich das vergessen?

Also schickte ich Pavel erstmal unter die Dusche und versprach ihm frische Klamotten, aber da begann ein Riesenproblem! Ich mit meinen knapp 100 Kilos wollte einen Spargeltarzan einkleiden, der gerade mal die Hälfte wog. Leider besaß ich nicht mehr meinen Kommunionsanzug, denn der hätte ihm bestimmt prima gepasst; also machte ich mich auf der Suche an Orten, wo ich zuvor viele Jahre nicht mehr war: auf dem Dachboden in den Umzugskartons, wo ich noch etwas Brauchbares fand.

Okay... die Hosenbeine des Jogginganzuges waren etwas lang, aber mit ein bissken gutem Willen und Hosenträgern aus meiner Jugendzeit war das Problem fast gelöst. Das kurzärmelige T-Shirt mit der Aufschrift „I AM A TERMINATOR" ähnelte eher einem langärmeligen, aber in der Not frisst der Teufel bekanntlich auch Fliegen. Meine Schuhe (Größe 45) an einem Fuß von maximal Größe 38... naja, wie soll ich sagen.... Er glich einem

Zirkusclown oder zumindest jemandem, der übers Wasser laufen konnte. Gerne hätte ich gesehen, wie ihm meine heiße Unterwäsche stand, aber lassen wir datt getz lieber!

Irgendwann um fünf Uhr morgens löste sich die Feier auf und Pavel ging nach Hause, obwohl wir ihm unsere Couch als Nachtlager angeboten hatten. Ich glaube, er tat es, weil es ihm peinlich war, uns so in Anspruch genommen zu haben - was wir aber gerne taten. Er verschwand mit meinen Sachen und seiner von Dir frisch gewaschenen Wäsche sorgfältig in eine Tasche gefaltet und...

... wir sahen ihn nie mehr wieder.

Pavel, alte Stehlampe... mach's gut! Wenn Du irgendwann mal diese Zeilen lesen solltest: Meinen Jogger kannst du behalten, genau wie datt T-Shirt, meine

Unterwäsche und die fast nagelneuen Turnschuhe. Vielleicht bisse ja mittlerweile in die Sachen reingewachsen, aber denk dran: Nach 15 Jahren sind sie aus der Mode!

Ach so... noch was: Seit diesem Tage vermisse ich die dicke Eisenkette, mit der ich die Waschmaschine diebstahlsicher gemacht hatte. Scherz am Rand... weisse noch, Schätzken?

Der Autor Norbert van Tiggelen

Nachwort:

Und – sind Sie nun geschockt?
Zugegeben, würde ich nur die ernsten und
nachdenklichen Gedichte des Norbert van
Tiggelens kennen, wäre ich es wahrscheinlich.
Seien Sie trotzdem bitte nicht verwundert, denn
Humor ist ein wunderbares Gegenmittel, um so
manchen grauen Alltag ein bisschen
freundlicher zu gestalten. Nehmen Sie dieses
Medikament in Form von „Galgenhumor" in
Zukunft ab und zu aus Ihrem Bücherregal, und
es wird Ihnen sicherlich ein wenig besser gehen.
Vielen Dank fürs Lesen!

Der Autor Norbert van Tiggelen

Impressum

Titel-Idee:
Karin Balmer, Thun, Schweiz

Lektorat:
Heidi Friedrich, Lampertheim

Gedichte/Texte:
© Norbert van Tiggelen,
Wanne–Eickel (Herne 2)

FSC
www.fsc.org

MIX

Papier aus ver-
antwortungsvollen
Quellen
Paper from
responsible sources

FSC® C105338